U0906120

总裁变革智慧

蒋巍巍
石玉峰◎著

THE CHANGE

中国财富出版社

图书在版编目（CIP）数据

总裁变革智慧/蒋巍巍，石玉峰著．—北京：中国财富出版社，2015.2
（企业成长力书架）
ISBN 978-7-5047-5517-9

Ⅰ.①总…　Ⅱ.①蒋…　②石…　Ⅲ.①企业管理　Ⅳ.①F270

中国版本图书馆 CIP 数据核字（2014）第 301468 号

策划编辑　刘淑娟　　**责任印制**　方朋远
责任编辑　刘淑娟　　**责任校对**　梁　凡

出版发行　中国财富出版社
社　　址　北京市丰台区南四环西路 188 号 5 区 20 楼　**邮政编码**　100070
电　　话　010-52227568（发行部）　010-52227588 转 307（总编室）
　　　　　010-68589540（读者服务部）　010-52227588 转 305（质检部）
网　　址　http：//www. cfpress. com. cn
经　　销　新华书店
印　　刷　三河市西华印务有限公司
书　　号　ISBN 978-7-5047-5517-9/F·2291
开　　本　710mm×1000mm　1/16　　**版　　次**　2015 年 2 月第 1 版
印　　张　15.5　　**印　　次**　2015 年 2 月第 1 次印刷
字　　数　222 千字　　**定　　价**　39.80 元

QIYE CHENGZHANGLI SHUJIA

企业成长力书架

序　言

企业，快速成长还是慢性死亡

在看到那么多的企业因为跟不上时代的发展步伐而纷纷倒下的时候，在看到那么多的企业因为变革失败而惨遭淘汰的时候，我领悟到，变革已经不知不觉地成为当今企业生存发展的主题。

这也是本书要谈的问题，关于总裁的变革智慧。我想通过这本书告诉那些拘泥于腐朽观点中、不肯变革的总裁们“变革的重要性”，并通过我对变革多年的研究和分析，向他们提供一些变革的技术和方法。

就当今的社会发展而言，变革是企业生存的唯一出路。

当今世界的格局和经济全球化的加剧，已经把企业逼进了一个死胡同，企业要么通过寻找新的方法，带领企业迅速的成长，要么拖着沉重的脚步缓慢地前行，一步步走向死亡的边缘。

不得不承认，现在的企业感染上了时代发展的病毒，这种新型并且不断变化的病毒，只能让市场向企业递上病危通知书。

目前拯救企业的唯一办法就是对企业进行一次大手术，当然，没有人能保证手术的成功率，但是，不手术只能让企业慢性死亡。面对这种情况，一些企业的总裁开始放下手中的病危通知书，重新审视企业的命运。

因此，一些企业的总裁果断地选择对企业进行一次大手术，因为这是企业快速成长的唯一希望，否则，就只能沉浸在病毒的侵蚀里，不仅面临着身体上的煎熬，同时也经受着精神上的折磨。

时代的变化，科技的进步，让原来的市场改变了模样，从凤凰牌自行车到现在的奔驰和奥迪，从传统的电报到现在的互联网，从原来的追求温饱到现在马斯洛需求层次的不断攀登，这一系列的变化都说明了一个道理：社会在变，科技在变，人们的需求也在发生变化。

因此，传统的企业生产的产品已经不能满足市场的需求，一些有远见的企业开始利用市场的这次蜕变对企业进行变革，使得企业在市场的大骚动中，重新找到发展方向，让企业跟随时代的发展脚步快速地成长。

但是变革不是盲目的，没有人能随随便便取得变革的成功，所以要想通过变革让企业快速成长，首先应该清楚变革的方法和步骤。

通过本书的各个章节，我将向读者介绍一些变革需要遵守的原则和需要完成的准备。总裁在发动变革的时候，总会遇到太多的迷茫、太多的顾虑，这些都是变革中的障碍，只有清除这些障碍，才能保证变革的顺利进行。

正视变革，这不是一场游戏，而是决定企业命运的关键。

作　者

2014 年 11 月

目　录

第一部分

品尝变革从理解开始——为什么要变革

第二部分

好钢用在刀刃上——变革成功的关键是什么

第三部分

勇攀高峰乘胜前进——实施变革有哪些步骤

第四部分

第一仗决定生死——如何让企业赢在变革

第一部分
品尝变革从理解开始——为什么要变革

随着中国经济逐步跟上世界经济发展的步伐，许多企业对原有的管理体制和经营策略都感觉严重的“呼吸不畅”，所以一些企业的总裁为了挽救企业的生命，不得不拿起手术刀，为企业进行大刀阔斧的“手术”。

企业“呼吸不畅”的主要来源是外部环境的改变所导致的市场压力和企业内部结构变化所导致的管理压力，在这两重压力的紧逼下，企业逐渐患上了“呼吸系统”的疾病。

就像你想象的那样，企业只能靠变革来维持自身的持续生长。

变革是当今企业必须面对的一个问题，也是现代企业在商业发展中一个重要的策略，压力会让你认识到，你确实需要变革，而且正处于不得不变革的时刻。

企业圈中仍然存在这样一群人，他们担心变革会为企业带来更大的生存危机，所以畏惧变革。但是，这个时代，不变革，行吗？

社会经济的快速增长，科技的不断进步，员工思想的不断变化等对于任何一个企业来说都是生存危机，所以面对这些危机组成的危机团队，你还能在原本的经营观念与生产方式中继续保持微笑吗？你还能因为惧怕失败而让企业以等死的方式陷入到另一种性质的失败中吗？

这个时候你不应该逃避，应该勇敢地接受时代带来的挑战，主动变革，品尝变革带来的与时俱进的喜悦。

第一章 外部市场压力

达尔文在生物进化论中强调："物竞天择，适者生存。"在风云变幻的商业市场中，亦是如此。

据统计，世界上至少有1.5万种蚂蚁。虽然一只蚂蚁看起来很小，但是如果把所有蚂蚁放在一起称，它们的重量几乎和全球人口的总体重相当。科学家发现，蚂蚁在地球上的生存史可以追溯到1亿多年前的中生代。也就是说，蚂蚁曾经和恐龙生存在同一个时代，但是，庞大的恐龙如今已经在地球上消失，而蚂蚁却几乎占据了除南极洲之外的所有大陆。

究其原因，就是无论社会大环境如何变幻，周围共生的生物是谁，蚂蚁都能够适应环境，并与其他生物和谐共生。

在非洲热带草原上，蚂蚁根据周围环境的特点，选择了金合欢树作为自己的生存伙伴。因为金合欢树的树枝上有一些空心刺，非常适合蚂蚁在那里安家，而且金合欢树分泌出来的汁液也是蚂蚁的美食。而当金合欢树的天敌，如天牛、大象、长颈鹿来临，蚂蚁就会用尽一切办法保护它们不受侵害。

到了南美洲，蚂蚁的生存伙伴就变成了蚁栖树。蚂蚁的巢穴则是蚁栖树的树茎，食物则是蚁栖树树叶柄基部丛毛处生出的"小蛋"。

生活在非洲和南美洲的蚂蚁面临着完全不同的生存环境，但是它们依然能够根据环境的变化找到最适合自己的生存条件。这就是蚂蚁强大生存能力的根本所在。

由此可见，外部环境的变化，必定会引起物种的生存压力，只有顺势而变，适应环境的要求对自己做出适当的改变，才能免遭灭绝的命运。

对于一个企业也是如此，在当今不断变化的外部市场的作用下，企业感觉到明显的生存压力。企业只有根据这些压力源进行内部的变革，才能在当今适者生存的社会中，避免被淘汰出局的命运。

社会环境大变局，传统利润池崩塌

每一个企业的总裁都想把自己的企业做大做强，都想利用企业帮助自己获得更多的财富，实现自己作为一个商人的价值。但是，随着社会大环境的变化，互联网的普及和推广，市场竞争形势的不断攀升，使得企业在技术、产品、营销以及组织架构上的竞争变得更加复杂化。企业想在传统的利润池中获得更大的利润，就必须付出更大的代价。

传统企业面临着高度同质的竞争者，同行业或是相近行业保持着相似的赢利模式，只在垂直分布的产业链上争抢客源，竞争模式趋向单一，企业的利润也随着客源的固定化而停滞不前。因此，要想改变这种局面，企业不得不进行变革。

在新世纪来临之际，各地大大小小的房地产企业不断兴起，房地产行业凭借着丰厚的利润和巨大的市场需求，逐渐成为了争相哄抢的大蛋糕。在这种竞争形势的压力之下，万科的总裁意识到，传统住宅地产已经饱和，如果企业不进行业务的拓展，那么总有一天企业会“饿死”。于是，万科开始尝试变革。

1988 年，万科正式进入房地产行业。

1993 年，万科开始将大众住宅的开发作为企业的核心业务。到 2008 年，15 年的时间，万科的大众住宅业务已经覆盖到以珠三角、长三角、环

渤海三大城市经济圈为重点的31个城市。2008年，全年销售住宅42500套，在全国住宅市场的占有率也由之前的2.07%提升到2.34%。其市场占有率在深圳、上海、天津等9个城市排名首位。

由此，万科逐渐确立了在住宅行业中的竞争优势："万科"成为行业第一个全国驰名商标，旗下建立的多个品牌也得到了各地消费者的接受和喜爱，得到了一致好评。公司研发的"情景花园洋房"是中国住宅行业第一个专利产品和第一项发明专利。

但是随着众多企业纷纷进驻到住宅地产开发市场，房地产企业之间的竞争不断加剧，商品功能的同质化日益严重，万科的市场占有率和利润增长速度开始明显放缓。

面对这种外界环境变化给企业带来的市场竞争的压力，万科从2010年开始进入商业地产，并在多地成立商业管理公司，确立了由购物中心"万科广场"、写字楼"万科大厦"、社区商业"万科红"组成商业地产三大产品线，为企业发展开辟了一片崭新的天地。

万科集团面临房地产行业不断升温的竞争压力，以及企业利润不断压缩的现状，没有选择坐以待毙，在现有的业务中不断挣扎，而是果断开辟了企业之前从未涉足过的商业地产新市场。万科的这项重大变革举措既扩张了企业的利润来源，缓解了市场环境变化为企业带来的危机，也为企业做大做强创造了新的契机。

其实，在当今社会，每一个企业都面临着商品功能同质化，需求专业化、精细化，购买行为的不断变化和劳动力成本及人力资源的不断攀升等一系列外界变化引发的压力，这些压力威胁着企业的生存和市场占有率。因此，企业必须走上一条不断变革的道路，带领企业进行组织构架、薪资结构、技术等一系列的变革，以此获得更多的生存空间，为企业创造更大的价值。

“落后就要挨打，落后就要被淘汰。”这句话早在清朝末年的时候就已经得到验证。但在当今的社会竞争中，各企业更是将这句话展现得淋漓尽致，王安电脑公司令人欷歔的兴衰历史就充分说明了这一道理。

王安电脑公司，这个日渐销声匿迹的名字，如今很少被人提及。但是在20多年前，王安电脑公司是一家可以问鼎全世界的电脑公司。

1945年，王安作为中国高级工程技术人员被派往美国深造，在获得博士学位后不久，便发明了磁芯存储器，申请了专利，后将专利转让他人获取了创业资金，在美国创立了以自己名字命名的电脑公司。

1960年，王安公司的一款新式对数计算器问世，使公司销售额达到上一年度的8倍，公司也于当年顺利上市，王安家族成为财富达5000万美元的富豪。

1975年，王安公司又推出了世界上第一台具有编辑、检索功能的文字处理机，这款产品从白宫到企业，再到机构办公室广受欢迎，几乎引发了一场办公室革命。

王安公司的发展势头，让业界巨头IBM都为之恐惧。但是，一场巨大的时代变革悄然来临，而王安本人却浑然不觉。

1979年，副总裁盖利诺向王安建议研制个人电脑时，王安不屑一顾：“搞个人电脑，闻所未闻的荒唐事!”

但以IBM为首的竞争对手们却没有错失良机，他们加大资金投入，全力进行个人电脑的研发生产。进入20世纪80年代，客户的兴趣已经完全转移到个人电脑上了，王安公司的产品几乎要被挤出市场。

不得已，王安决定开始研发个人电脑，并于几周后问世。但是由于起步太晚，王安公司与IBM在质量上，尤其是软件种类和兼容性上有着巨大的差距，颓势最终没能逆转。1990年，王安病逝，王安电脑公司也申请了破产保护。

比尔·盖茨曾说："如果王安公司没有陨落，世界上可能就没有今日的微软公司，我可能就在某个地方成了一位数学家，或一位律师。"不过，历史没有如果。王安公司，这个在鼎盛时期年收入达30亿美元，员工达3万多人的巨型企业，却因为掌舵人忽视了时代的发展趋势，固守着曾经的辉煌而没有及时进行企业变革，最终铸就了商业史上的又一大悲剧。

如今，在这个被互联网吞噬、被大数据笼罩的社会环境中，企业逐渐感受到数据带来的强大视觉和价值观的冲击和压力，这些压力会使企业在同行业一步步的进步中不断地被超越，甚至被击毙。

在环境变化带来的冲击中，企业要认识到，唯有变革才能让企业摆脱传统利润池崩塌的命运，并带领企业走向一条属于社会大变局下的利润池之间的争夺战争。

因此，对于一个总裁而言，应该具有对社会环境变化的洞察能力以及理性地分析问题的能力，以此带领企业走上一条正确的变革道路。

 **智慧点拨**

顺应时变，不断改革和创新是适应市场发展的不二法则，敢于改革，敢于突破，才能打开企业在时代市场上的新局面。

难以与竞争对手抗衡

在竞争型的市场条件下，适者生存，劣者淘汰。对于企业之间的竞争也同样适用，如果企业生产的产品或是提供的服务难以与竞争对手抗衡，那么等待企业的将是被市场淘汰的悲惨结局。

芳草牙膏是一款老品牌的牙膏，曾在2002年获得"中国名牌"的光荣称号。但是这个在20世纪90年代位居行业第二的“中国名牌”，如今在超市的货架上已经看不到它的踪影。这个当时的“行业老二”被高露洁、佳洁士和黑人等挤到了农村，只能在农村的一些小商铺中固守自己的市场。

2005年5月，中药牙膏生产企业柳州两面针股份公司以3000万元收购并重组了芳草集团下属的安徽芳草日化股份有限公司，收购的内容包括芳草日化的全部有形资产和无形资产，其中包括芳草品牌和其在市场上的营销渠道等。

芳草因为没有跟上高露洁、佳洁士等竞争对手对产品不断变革的生产管理模式，越来越难以与其他知名牙膏品牌相抗衡，最终惨遭市场淘汰。

其实，芳草的命运是未顺应时代发展导致的必然结果。佳洁士、高露洁等之所以能按下芳草如日中天的发展势头，在于它们能够根据环境和消费者需求的变化，在商品的种类和功效上进行针对性的研发，来满足消费者越来越多样化、专业化的需求。于是，它们的产品多样性对芳草单一的产品类型形成了强大的冲击，使得芳草逐渐被消费者冷落。

在激烈的市场竞争的作用下，一些企业走向了下坡路，比如芳草。但是也有一些企业，在这种压力的作用下，激发了自身的潜能，积极地采取措施力求改变企业的现状，比如海尔。

在社会环境大变局的影响下，海尔这家成立了28年之久的家电企业也无法摆脱社会大环境变化所带来的市场压力。

在格力、美的等家电企业来势汹汹的形势下，海尔的市场占有率已接近饱和。家电界的三大巨头在市场中，无论是实力还是竞争力，都已经旗鼓相当，难分高下。同时格力和美的还在不断进行技术革新，不断提升产品性能。因此，在中国的家电市场三足鼎立的大环境下，加之一些小家电

企业的不断夹击，海尔深刻感到，要想在市场接近饱和的状态下，在各大企业纷纷进行变革的影响下做到“通吃”，已经是一种不可能的事情。于是张瑞敏开始创建海立方以帮助企业提高市场竞争力。

海立方是一种以互联网为载体的创新产品孵化平台，连接两个或多个特定群体，通过为他们提供互动提升自己的价值，使企业在这种大环境的变化下，顺应时代的发展潮流，进行一场利润池争夺战。

但是，海立方的建立，也对企业内部产生了压力。新领域的延伸导致企业技术人才的缺乏，同时企业原有的组织架构也不能满足平台模式新的要求。在这些压力的作用下，企业不得不对人事、组织架构、管理等进行变革，让海立方的建立为海尔创造更多的利润。

海尔在与竞争对手分庭抗礼、难分胜负的情况下，没有墨守成规，而是主动求变，不惜顶着巨大的变革压力打造海立方平台，用以加速企业创新能力和市场适应能力的提升。通过这一举措，海尔重新稳固了自己在家电市场上的地位，创造出了更多的价值。

除了海尔，也有一些企业在这种激烈的竞争形势的作用下，积极变革，并取得了突破性的进展。在当今手机行业竞争激烈的形势的影响下，诺基亚、摩托罗拉等一些知名的大企业都在市场上逐渐淡去了踪迹，而小米，这一呱呱坠地的“幼小”企业，又是怎样在市场中仅用两年的时间就站稳脚跟，并取得不错成绩的呢?

小米如今已经成为互联网关注的焦点，它的崛起速度，让人应接不暇，不过小米的成长之路，的确有许多值得借鉴的地方。

小米的发展已经有四年的历史了，从刚开始成立时的100万美元到现在的40亿美元的资产，使它成功书写了手机市场上的神话。目前，小米4的发布将再一次掀起小米互联网的抢购热潮。许多人会有这样的疑问，作为一个新型的手机企业，小米是如何在苹果、三星两大商业巨头的夹击下，突破重围，在手机市场上获得举足轻重的地位的呢?

事实上，小米的今天离不开雷军的智慧。小米自从2010年成立以来，雷军永不停止变革的脚步，积极地为企业培养一批技术研发的年轻力量，用他们的专业技术和与时俱进的思想，不断地对产品进行更新换代，迎合了消费者的需求。同时，雷军确立了小米史无前例的销售模式，对小米所有的新品只限于网上销售，这一营销模式提升了小米的市场营销力，并为小米带来了一大批的“米粉”。

在苹果、三星对产品不断变革的影响下，小米也加入了变革的行列，不断地更新产品，并采用在网上销售的扁平化、垂直化的管理体系，使小米在市场竞争中脱颖而出。

小米对产品的变革是多方面的，无论从外形上还是性能、价格上，都是根据消费者的需求和技术的发展来进行设计革新的。正是准确地抓住了目标客户群的心，迎合了他们的喜好，小米才在众多高端手机的围追堵截下，培养了一大批忠实客户，成功走进了消费者的口袋。

所以，在市场竞争中，每一个企业都应该坚持“敌变我变，敌不变我亦变”的策略，把变革的思想浸入到企业的发展之中。

经过市场的分析可以看出，企业一般难以与竞争对手抗衡的原因，主要在于在对方进行不断的变革中，企业仍然处于不变的地位，导致企业的产品、技术、营销模式等落后于其他的企业，在市场竞争中难以与竞争对手抗衡，进而失去客源，失去市场。

在当今不断变化的时代背景的影响下，解决这种无法与竞争对手抗衡的压力的根本途径就是变革，这已经成为一个企业应对强大的竞争压力的一种“潜规则”。

智慧点拨

在现代商业竞争中，要想在竞争中有能力与对手抗衡，必须学会灵活地对企业进行有必要的变革，这成为决定一个企业成败的关键。

技术更新

面对技术的不断更新，新技术的不断兴起，企业面临的压力也越来越大。“技术就是生产力”，这句话在当今的时代发展中体现得越来越明显。

工业革命使人们在开发新资源和利用新资源方面取得了重大的成功，其结果是人类历史上掀起了一场工业革命的浪潮，创造了工业时代。

随着科学技术的迅速发展，人类逐渐走出了工业革命的时代，从而被带入了网络技术的时代，人们越来越重视网络技术对传统企业的改造以及对新资源的开发和利用。因此，在这个被网络覆盖下，大数据掩埋的互联网时代，“互联网”已经成为社会发展的关键环节，互联网技术的应用也已经成为衡量一个企业发展水平的重要标志。

20 世纪以来，科学技术的日新月异，形成了科学—技术—生产的体系，科学技术在生产中起着领头军的作用。现代技术更新的发展已经成为生产力中最活跃的组成元素，它作为社会环境的重要组成部分之一，不仅直接影响着企业内部的生产和经营，同时与其他影响企业的环境相互依赖和相互作用，共同影响着企业在市场竞争中的地位。

受当前不断更新的技术的影响，人们对家电的技术要求也随之越来越高。为了响应市场技术不断更新的影响，作为一家专注于空调生产制造的企业，格力电器着力于为消费者提供技术领先、质量上乘的产品。

格力成立于1991 年，是目前全球最大的集研发、生产、销售、服务为一体的专业化生产空调的企业。1995 年至今，格力空调年销量位居中国空调行业的首位，2008 年，格力全球用户高达 8800 万。

格力之所以会取得今天这样的成就，与格力在技术方面响应时代的变革是分不开的。格力致力于技术的研发与生产。2012 年 12 月，格力全球首创的“双级压缩技术”鉴定结果发布会隆重举行，该技术经过专家的分析，已经达到了国际领先水平，突破了传统空调的运转极限。

除此之外，全能王去除 PM2. 5 的技术，也是格力技术变革中的重要组成部分。全能王通过采用 IFD 高效除尘技术，以高效、快速的清除 PM2. 5 的净化效果，深受广大用户的一致好评。

格力一直坚持“格力，打造核心科技”的发展理念，不停地对企业进行技术上的变革，成就百年品牌。

董明珠说：“一个没有创新的企业，是一个没有灵魂的企业；一个没有核心技术的企业是一个没有脊梁的企业，一个没有脊梁的人永远站不起来。”

格力的蓬勃发展，离不开其在技术上的研发与突破。在科技引领市场发展的社会背景的影响下，科技的不断更新是时代发展的主题。企业要想在当前的社会环境下，实现更好的发展，打造出具备核心竞争力的产品就必须不断打磨企业的技术实力，紧跟甚至是超越时代的步伐。

技术变革的进程不仅仅体现在家电制造业，手机行业对技术的研发也已经成为手机企业的重要课题，华为就是靠技术的研发逐渐登上市场舞台的。

今天的深圳华为技术有限公司是一家拥有 7000 多名员工，年产值 50 多亿元的大型通信设备生产企业。但是如今这个备受人们关注的华为企业十年前只是一个小资本的民营企业，其发展速度之快，成长势头之猛已经

成为国内外媒体争相报道的企业传奇。

华为之所以能取得今天这样的成就，与华为的技术更新的频率是分不开的。

“研发投入不是百米短跑，而是一场马拉松。”孟晚舟认为，华为有效增长的核心推动力是对于先进技术的研发。过去的十年里，华为每年都将销售收入的10%用于研发。仅2013年，公司投入的研发资金就已经高达330亿元，占全年销售总收入的14%。

据有关部门调查显示，2004—2013年，华为累计在技术研发上的投入资金达1539亿元。目前，华为在4G技术上处于全球领先的地位。除此之外，孟晚舟还透露，华为将投入6亿美元用于5G技术的研发。

华为尤其重视技术的研发，到目前为止，进行产品解决方案的研究方面的人员已经占据企业总人数的44%，并且在德国、英国、法国等许多国家和地区设立了23个研究所，因此，华为借助技术的不断研发和更新，奠定了其在商业竞争中的优势。

华为始终注重对技术的投入与研究，不断对产品进行大刀阔斧的技术革新，帮助企业一步步走向高端科技的前沿，并成功地在市场中牢牢占据了一席之地，拥有了庞大的客户群。现在，华为的技术已经成为手机市场的标杆，华为的产品也在消费者口中享有高度评价。

由此可以看出，科学技术的发展，使得产品的更新换代速度加快，产品的市场生存周期缩短。有些技术今天或许还炙手可热，但转瞬之间就可能面临着被市场淘汰的命运。所以，企业要时刻保持警惕的头脑，洞察社会技术更新的频率，避免自己的生产技术和产品跟不上时代的发展步伐，最终被无情地淘汰。

虽然技术更新没有改变企业的经营目标，但是外界技术的更新对企业内部的管理和控制都产生了很大的冲击。因此，企业如何应对外界因为技术的更新为企业带来的压力，成为一个亟待解决的问题。

面对这一问题，企业总裁应该做的是根据技术更新给企业带来的影响，进行内部的变革，以此寻求企业的发展与社会技术的发展保持同步的经营之道，这是解决技术更新给企业带来压力的最佳手段。

技术更新改变了传统的生产和营销模式，由此触发了企业的管理模式、生产模式、作业流程和营销模式的变革，企业员工的行为也会随着技术的先进化、业务流程或组织扁平化而发生变化。

智慧点拨

当今世界，企业若想在技术的不断更新中保持自身的地位不动摇已经成为一种天方夜谭，在这种世界格局下，企业只有变革才能顺应时代发展的要求，才能在技术更新频繁的大时代背景下，避免被甩出局。

商业模式的业态变化

商业模式实际上就是创业者的创意，商业的创意来自于机遇和消费者的需求，并最终演变成一种商业模式。

新经济向传统行业延伸和渗透，模糊了人们熟悉的产业定义，使得传统的以资本作为发展核心的实体企业，为了适应人们的网络思维，逐渐转向以契约为纽带的虚拟企业发展。电子商务的应用，也使得企业的信息从独占变成共享，竞争模式也随之改变。并且，这种商业模式的业态变化已经涉及各个领域，在2013年，红遍中国半边天的《The Voice of China》——《中国好声音》，就是最有力的证据。

原创于荷兰的综艺节目《The voice》，在荷兰创下了收视奇迹，于是，

其他国家纷纷加入购买节目版权的行列，并把其变成赚钱机器。

6000 万元人民币的冠名费，每 15 秒 36 万元人民币的广告费。

《中国好声音》自从 2012 年进驻浙江卫视以来，仅仅用了两个星期的时间，就已经收回了成本。

据央视索福瑞媒介研究有限公司研究的数据显示，《中国好声音》前三个星期的收视率已经超过了 1.5%、2.8%、3.093%。据相关部门的不完全统计，第一季的《中国好声音》的广告费收益在 2.5088 亿～2.7088 亿元人民币。

《中国好声音》因为自身的强大影响力和四位导师强大的号召力，逐渐成为中国真人选秀节目中收视率最高的一档节目。它背后的操作者也正是凭借着对节目商业模式的业态变革，成功地为企业赚足了利润。

在中国，除了《中国好声音》《快乐大本营》《非诚勿扰》《舞林大会》等一系列通过对企业商业模式的变革而获得丰厚利润的节目外，商业模式的创新在我国传统的服装行业也有所体现。

近几年，中国正准备向纺织服饰强国转变。红豆为了响应这一政策，积极地对自身进行变革，通过对市场的不断细分，不断做强微笑曲线的两端，对品牌也进行了不断更新和扩张，并取得了显著的成果。

红豆内衣、红豆男装、红豆居家、伊迪菲、轩帝尼等品牌的亮相，展示了红豆集团变革的风采和成果。

“好的商业模式是成功的一半。”红豆集团总裁周海江表示。同时，他还指出：“未来的竞争已经不是产品或是品牌之间的竞争，而是商业模式之间的竞争。”对于一个企业来说，只有找到适应社会发展的合适的商业模式，才能真正获得市场的话语权，实现企业的可持续发展，也正因为如此，红豆一直在进行商业模式上的探索与变革。

红豆作为一家服装行业的老品牌，至今仍能够在服装市场上稳步发展，离不开对市场的精准定位与细分的企业变革，这是红豆的成功转型。在我国传统的服装行业，除了红豆，海澜之家也是因为商业模式的变革而成为中国“男人的衣柜”的代言。

1988 年，周建平用自己积蓄的 3600 美元创办了海澜之家。时至今日，海澜集团是中国最大的西服和面料的生产商之一。

2002 年年初，海澜集团总裁周建平对国外市场进行考察。在对日本市场进行考察期间，他发现有两个日本的服装品牌，凭借着丰富的服装种类、物美价廉的服装价格、量贩式的自选购物方式，深得消费者的追捧，这在周建平脑海中留下了深刻的印象。

回国后，周建平开始对企业的商业模式进行变革。2002 年 9 月，“海澜之家”出现在中国市场，这种物美价廉、购买力强的自选式购衣的商业模式掀开了中国服装商业模式崭新的一页。

海澜之家自从 2002 年推出以来，就以独立创新的营销模式掀起了中国服装市场的一场新革命，被称为“男人的衣柜”。2013 年，海澜之家实现营业收入 71.5 亿元，同比增长 57.9%。净利润 14.7 亿元，同比增长 58.2%。

近年来，在传统服饰行业发展低迷的市场背景下，海澜之家仍旧保持高速的发展，2009—2013 年收入增加了 50.8%，净利润也增加了 45.6%，门店数量从 2009 年的 655 家增长到现在的 3210 家。

反应敏锐、行动迅速的海澜之家及时发现了中国服装行业中自选购衣的营销空缺，及时地进行市场补位。周建平具有前瞻性地对企业的商业模式进行变革，提高了消费者对产品的消费热情和对品牌的认知度，使海澜

之家在短短数年之内，以“男人的衣柜”这一经营理念步入良性发展的快车道。

随着移动互联网的传播，社交化技术的广泛应用，为企业培育和发展新业态提供了契机，尤其是互联网和社交媒体的广泛应用，必然导致一些传统商业模式的业态失去市场，找不到自己的存在价值。所以以后的2～10年，中国的业态必将在市场的竞争与淘汰中发生剧烈的新变化。

为了缓解这种压力，经营者不得不想方设法地挽救企业的命运，不得不调整企业的内部管理，调整企业的营销模式，转变思想，进行变革。

智慧点拨

要想在商业模式的业态变化中，为自己的企业寻求一条不错的出路，企业就必须通过对商业模式和业态的管理变革，使其在商品的管理上满足消费者的需求。

市场需求变化

《孙子》中指出：“知己知彼，百战不殆；不知彼而知己，一胜一负；不知彼不知己，每战必败。”这句古训，对企业而言也同样适用。这里的“彼”指的是市场的需求，“己”指的是自己的产品。所以市场需求的变化，必定会导致一些企业的生存危机。

目前市场上的消费群体，迅速地被一些80后、90后所占据，他们的消费观念和消费需求已经彻底颠覆了传统的消费观点，时尚、奢华、上档次已经成为他们消费的风向标。市场是他们的天下，若想在80后、90后的购物空间中占据有利的地势，就应该了解他们的需求方向，从而指导企业生产的产品方向。如果不了解他们的需求，一成不变地经营企业，那么企业迟早会因为对消费者的需求定位不准而失去大批的客源。

2012年1月19日，柯达，这位“傻瓜相机”的开创者在即将迎来自己的132岁生日的时候宣布破产。这一消息一经传出，在人们的心中确实引起了不小的冲击，各大企业领导人也纷纷为其感到惋惜。这位相机的开创者，竟然在长跑了132年后结束了自己“常青”的命运，只是因为自己的产品失去了市场，只是因为企业的领导者淡漠了市场的需求变化而产生的压力，不知道变革自己的企业，最后让这棵在市场上屹立了130多年的常青树最终倒下。

作为曾经的摄影业巨头，柯达因为担心自己的胶卷业务受到影响，在数码时代的大力冲击下，仍然不肯对企业进行变革，大力发展数字业务，使其逐渐被数码时代所淘汰。其实早在1988年，这家大型的影像产品全球供应商就深深地感受到了传统的胶卷业务逐渐出现的市场缩水现象，但由于不肯放弃胶卷带来的巨大利润，无法迅速适应市场的需求对企业进行相应的改革，最终带着132年的名誉应声倒地，终结了一个曾经的商业传奇。

1967年进入柯达的罗伯特表示：“曾经的柯达在世界市场上的地位，就相当于现在的苹果和谷歌。”但是这个曾经在相机行业呼风唤雨的业界巨头，却只是因为犯了没有满足市场需求变化这个最基本的商业错误，导致自己的产品失去了客户，失去了竞争力，整个企业最终走向了失败。

其实，不仅仅是柯达，许多其他知名企业也为领导者们提供了警醒的“教材”。比如，曾经在手机市场上撑起一片天的诺基亚和摩托罗拉，在平板电脑业风靡一时的惠普，都是由于没有全面了解市场需求的变化，没有根据市场的发展改变自己的前进步伐而受到了消费者的冷落。

为什么这些企业会受到市场的冷落？时代在发展，消费群体也在不停地变化，不同群体之间的消费需求也有着天壤之别。有些企业在60后、70

后的市场中能够实现突飞猛进的发展，但是却在80后、90后迅速崛起的今天，最终走向灭亡。

消费群体的变化必定带来消费需求的转变，导致一些企业产品的销量日益下滑，为企业带来了生存的压力。而有些企业虽然已经意识到这样的压力，但是却没能够根据这一压力迅速调整自己的产品定位和技术变革等，从而走下市场的舞台。而有些企业却能紧抓市场的需求，比如现在日注册过万的婚恋网站，就是市场需求催生的产物。

随着《非诚勿扰》的热播，相亲网站也已经成为当今社会发展的一部分，在北京、上海、广州等地，相亲网已经成为了众多单身人士寻找伴侣的主要手段。

随着互联网的普及，“宅男”“宅女”逐渐成为80后、90后的代名词，网络扩大了他们的虚拟空间，却缩小了他们的生活空间。随着时间的推移，他们逐渐感到自己已经步入了剩男、剩女的行列，因此，他们迫切需求一种可以帮助自己解决单身困境的社交媒体。

有需求就会有变革。在消费者这些需求的变化下，一些企业开始转型做婚介，对企业进行业务、组织构架等一系列的变革，为那些单身男女提供资源。婚恋网站不仅扩大了他们的视野，提供了大量的资源，同时还为他们提供了方便，只需要鼠标的点击和筛选，便能寻找到符合自己要求的异性。

而婚恋网站通过对会员会费的收取和广告商的合作获取利润。据有关部门统计，世纪佳缘2012年的年利润为5890万元，百合网年赢利已经突破3亿元。

据相关部门的统计，每天浏览这些婚恋网站的人数将近300万人，节假日的浏览量甚至超过500万人，网站运营商的营业额随之不断攀升。是因为转型做婚恋网站的企业总裁，能够洞察社会的需求，并根据这一需求进行行业变革，所以才取得了巨大的突破和成就。

市场需求的变化，催生了一些企业的发展壮大，除了目前正在风生云起的婚恋相亲带来的社交需求外，近几年，随着人们经济水平的不断提高，旅游成为人们缓解压力享受生活的一部分，而旅游业的发展也推动酒店行业成为城市的必备元素之一。

世纪金源集团是一家综合性的跨行业国际集团，当前在中国大陆已经投资2000多亿元人民币，缴纳各种税费高达300亿元人民币，稳居中国企业500强。

世纪金源原本只是一个房地产集团，成功开发了北京世纪城、昆明世纪城、长沙湘江世纪城、贵阳世纪城和合肥滨湖世纪城等大型综合性楼盘，为了适应社会需求的变化，不断进行变革，进军酒店行业，并开创了“中国式运营饭店管理理念”，成为国内首家自己设计、自己建造、自己经营、自己管理的酒店集团——世纪金源大酒店。

世纪金源，为了满足市场需求的变化，提升自己的社会价值，不断根据市场的需求进行变革，拓展自己的业务范围。现在的世纪金源集团是以“房地产开发、星级大饭店、大型购物中心、金融资本运营、阔叶开发、核桃油生产”为六大支柱产业。

现在的世纪金源集团已经在北京、上海、安徽、重庆、福建等地成立了九个区域集团，其中包括16家五星级大饭店，6家购物中心等70多家子公司。

世纪金源集团在开发大型综合性楼盘方面，本已经取得了相当耀眼的成就，但是，世纪金源并没有满足现状，仅仅专注于眼前的市场，而是准确把握到“旅游热潮”对于市场需求的影响，选择进军酒店行业。这项重

大决策不仅扩展了企业的利润来源，也使得其自身从原本业务单一的小企业成长为了一个综合性的国际集团。

对于总裁来说，成就“百年大业”，让自己的企业在市场竞争中始终屹立不倒，是总裁梦寐以求的目标。而企业要想在市场需求的变化下，仍然能够保持自己的地位不动摇，就要根据消费者需求的调研结果，进行产品方向性的调整和产品种类的变革，以满足当前消费者的需求。只有这样，企业才能长久地生存发展下去，而不是只火了一代就迅速没落。

 **智慧点拨**

市场需求是一个企业的生命力，失去市场就等于失去了生命。要想让企业“常青”，必须通过对市场的管理变革和产品的管理变革来满足企业在市场需求中的地位。

价值观的重塑

价值观是在面临一项选择时，人们内心深处的行为准绳，是面临抉择时的一项依据。

通过中国改革开放政策的实施和社会主义经济体制的迅速蔓延，中国的市场格局发生了空前的变化，消费者的价值观也随着生活水平的提高而开辟了一个新的纪元。

现在的消费者的价值观已经发生了不可忽视的转变，由之前的只要求物质的满足到现在的精神突破。在市场中，要求自己购买的不仅是产品，还应有良好的服务。服务现在已经成为一种消费者群体的新的价值观体系。

这种新型价值观的重塑，要求企业不仅要把产品作为生产的第一位，同时在把产品与服务销售给顾客时，还要保证顾客在购买和使用企业产品时，得到精神方面的满足。这是现代社会发展下，一种新型价值观的发酵与重塑。

价值观对动机具有导向作用，所以价值观的重塑也相应地影响着消费者的购买欲望和选择产品的行为。

在外界条件一致的情况下，具有不同价值观的人，动机模式也会有所不同，在动机模式的作用下，也会影响行为模式的转变。

动机是在价值观的作用下产生的，而行为受到动机的调节，所以这一系列的联系都直接表明了，价值观直接影响着人们的消费行为，影响着产品和市场的格局变化。

1987 年 11 月 12 日，美国大叔出现在天安门广场的前门，标志着肯德基这一以快餐作为主打的餐厅正式进入了中国的市场。

但是它又是如何能以迅雷不及掩耳之势迅速席卷中国的大小城市呢？原因在于这个美国大叔能够清晰地认准消费者价值观的改变，在社会节奏快进的时代，每个人都感觉自己的时间十分的紧缩，于是很多人都想方设法节约自己的时间，“时间就是金钱”这一价值观迅速在人们头脑中扎根。所以肯德基这一快餐领跑者便以方便、快捷这一理念迅速地占领在消费者之间的口碑。肯德基这一形式的快餐连锁企业，就是顺应了人们价值观的变化而引发的一场餐饮业的变革，精准地找到了自己的市场。

肯德基进驻中国市场时，我国改革开放已经即将迎来第十个年头，经过了长期的市场化发展，中国人对于新事物、对于外来品牌的接受能力不断提高，甚至是作为一种时尚，而且，人们收入的不断提高也使得人们的生活方式、消费习惯有了显著的变化，这些都为肯德基风靡中国提供了良好的环境。假如肯德基是在改革开放之前进驻中国，在那个思想僵化，人

们生活贫困的年代，不仅不能迅速地扩张，可能还会受到抵制。

在社会的发展中，消费者价值观的重塑除了对餐饮业的影响外，对我国的电子和通信产业也产生了深刻的影响。

作为一个“发烧友”遍布全国的企业来说，小米的成功是有目共睹的。小米的销售市场主要是80后、90后组成的消费群体，他们都是一些刚进入社会的大学生、事业小有所成的企业白领或是私营企业的小老板，就他们的经济情况而言，对产品的性价比要求也就越来越高。

小米手机的价格主要在2000元左右，相对于苹果和三星的价格更能满足80后、90后的需求。同时，小米手机还拥有专业的聊天工具——米聊，这一新兴、手机专用的聊天工具，满足了消费者追求时尚的价值理念。

随着互联网的普及，网购已经成为人们日常生活中的一部分，人们对购物的要求也越来越倾向于方便快捷。小米针对这一现象，对其销售进行统一的网上管理，新品手机只能在网上抢购。这一新兴的手机销售模式，不仅满足了人们对方便、快捷这一价值观的追求，同时还能刺激一些年轻人的消费欲望，进一步打开了小米手机的市场。

小米正是抓住了年轻人的消费能力和心态，迎合了他们独有价值观对产品进行技术和营销模式的创新变革，才使其在三星、苹果等手机巨头的重重夹击下，在竞争惨烈的智能手机市场上引发抢购狂潮，实现了又一个创业奇迹。

价值观决定着消费者的购买方向，只有抓住消费者的价值观的变化方向，才能在市场上打一场翻身仗，TCL就是最好的写照。

TCL作为一家中国资深的民主品牌，也曾经度过了辉煌期，出现了亏损，导致这一现象的主要原因，是TCL的技术更新没有跟上世界发展的步伐，没有根据消费市场价值观的变化，调整自己的发展方向，对产品进行变革。

TCL集团首席运营总裁官薄连说："2005年、2006年我们出问题了，2006年报表上反映的亏损是19.2亿。到底是哪里出了问题？是治理结构、价值观还是国际化战略出了问题？根据分析，我们认为是文化体制出了问题。所以从2006年下半年开始，我们就从企业文化角度入手进行变革创新，重塑我们的价值观。"

之后，李东生对集团未来的战略进行了讨论，最终确立了从企业文化和国际化入手进行集团的变革，以企业文化为突破口，高管团队为目标对象，进行文化再造，从而开启了TCL扭亏的步伐。

此外，为了迎合新的市场挑战，满足消费者新的追求，TCL在战略管理思路上也进行了创新。2011年8月8日，TCL向外部发表了"三个能力"的立体发展战略模型，以全面提升工业能力、技术能力、全球化运营能力为根基进行管理。

在当前的市场环境下，消费者对于电子产品的要求越来越高，不再只是追求过硬的质量，还要外观时尚，功能强大，并且有强大的品牌知名度来满足心理需求，任何一点的缺失都无法令消费者满意。TCL的新立体发展模型的建立，正是为了迎合消费者多方面的追求，在新的理念和体系的支持下，TCL的新产品受到了消费者的认可，企业实现了扭亏为盈，并在市场中持续发展。

价值观的重塑，无疑为一些企业带来了危机，他们深感价值观的重塑引起了消费者的消费观念变化，消费者对商品的评判标准也已经越过传统的价值观的底线，这些变化都为企业带来了很大的压力。

这些压力让企业不得不自我反省，如果企业仍旧停留在传统的价值观理念的层次上，不跟随大众价值观的转变而转变，那么若干年后，企业必

定会走向灭亡。因此，企业在这种压力下唯一的解压方法就是根据价值观的重塑对企业进行产品、技术、组织架构、管理上的变革。

“以变制变”是一个企业长期屹立不倒的根本原则，但这种变革并不是盲目的，是要根据外界条件的改变而发生变化的，是一种有针对性的变革。

智慧点拨

价值观是人们在当今社会赖以生存的条件，价值观的改变必定导致消费者的需求发生变化，企业必须根据这一变化进行相应的变革，否则只能被市场淘汰。

产业链的优化

产业链是一个企业群的集合，包括企业链、价值链、经营链、运输链四种概念，并根据特定的逻辑关系和空间布局形成一种上下游的关系链条，以各企业之间的产品合作作为实现各企业价值的载体。

就目前的发展来看，产业链并不是固定不变的，而是随着科技的变化和人们需求的改变等不断地优化，以保证产业链能适应社会发展的需求，为各企业创造更多的利润。

经济全球化发展使得原本单一的产业链受到威胁，因此产业链为了满足时代的发展不断地调整，使得原本的产业链之间的对接和合作发生了变化。同时，信息时代的来临和技术进步的不断影响，也为产业链注入了时代的发展元素，不断地进行优化。

规模效益的时代已经过去，如何在扩张规模的同时提高产业链之间的影响能力，才是企业实现发展的关键所在。

做大还是做精？这似乎是企业管理的永恒话题。从上游原材料到销售终端都是一个企业来做，这样的企业似乎是在走钢丝，冒着很大的风险。然而，这种风险却是许多企业不得已而为之的选择，雅戈尔加快上下游之间的联动“舞步”，就是对产业链优化的变革。

与其他服装生产行业一样，面料的生产也是雅戈尔的薄弱环节，由于质量方面的差距，雅戈尔许多高档的西服面料都依赖进口，这样，不仅采购成本居高不下，而且采购的周期也较长。雅戈尔每年的面料采购有五六亿元，其中10%要靠进口，产品的生产成本也相应提高，企业所赚取的利润也相应地减少。

为了不在面料的采购和成本上受制于人，雅戈尔选择了溯源而上，向上取水，进行上游产业链的优化。

2002年6月，雅戈尔斥资1亿美元建设的纺织城破土动工。

2003年9月，宁波雅戈尔日中纺织印染有限公司投入生产，雅戈尔涉足染纱、织造、印染、后整理生产等业务。

2004年5月，雅戈尔与日本伊藤忠商事株式会社及香港青春国际控股有限公司合资成立了宁波雅戈尔毛纺织染整有限公司。这意味着，雅戈尔的上游产业链正在进一步延伸。

雅戈尔通过对上游产业链的不断优化，成功降低了服装生产成本。

雅戈尔除了对上游生产链进行优化外，同时积极地改进下游，延伸了企业的产业链。将销售渠道掌握在自己手中，是雅戈尔拓展服装产业下游产业链的重要一环。雅戈尔对下游产业链的延伸主要从物流部的营销系统，到分公司的管理系统，一直到卖场的POS系统。今天的雅戈尔，不但是生产企业，还是流通企业。

雅戈尔准确地认识到了企业发展中的不利因素，在专注生产的同时，

积极地改造并优化与产品紧密相关的上下游产业链，使得企业在服装行业不断紧缩的形势下，发掘出了更广阔的利润空间，壮大了企业的规模。而且，产业链的优化，大幅提高了企业对市场的主动性，增强了企业抵御市场风险的能力。

产业链的优化是全球化经济作用的结果，因此对企业的需求也从单边的市场定位转变成多变的市场定位的需求，因此一些没有跟上时代发展的步伐，对区域的需求过于敏感，产品的适应性不高的企业，就面临着失去市场的威胁。比如，只生产制造电风扇的企业无法在偏北方的区域占据市场，这就导致这些企业因为产品的单一化生产导致产品的区域性要求较高，无法适应全球化的经济发展趋势。

近几年，通信企业也在不断地响应着市场发展的号召，对产业链进行不断的优化，以求获得稳定发展。

近年来，在信息技术的不断发展和人们的需求不断变化的双层作用的驱动下，互联网逐渐把通信网拉入自己的阵营，并不断地融合。电信网络也正在向宽带过渡，语音业务也在向数据业务和多媒体业务不断扩展。这种电信网络的内部变动直接把电信网络转变成了可以承载丰富信息的应用平台。

因此，在产业链的延展优化方面，通信网首先需要解决的是自己在产业链中的接入问题，而且要吸收丰富的信息资源，满足产业链下游的需求。

显然，要满足产业链丰富多彩的信息需求，仅仅按照通信企业原本的“单打独斗”模式是难以实现的，因此，通信企业开始扩大自己的业务范围，通过对企业组织构架的调整、技术手段的改进及产品的功能拓展等一系列的变革，逐渐实现了自己和互联网的融合，满足优化后的产业链的需求，实现自己在产业链中的价值，巩固自己在产业链中的地位。

互联网的普及逐渐改变了传统通信行业的原有产业链，网络对通信行业的渗透和革新成为了必然。面对互联网技术不可阻挡的浪潮，通信企业对现有业务进行了网络融合与对接，并不断增加互联网时代下的新业务，不仅使企业成功满足了不同消费者的需求，为消费者提供了便利，同时拓展了企业的业务，增加了企业的利润，跟上了信息时代的步伐。

由此可见，产业链的优化必然会对企业提出新的要求，导致企业的种种不适。企业只有进行内部的变革才能适应产业链的优化，以达到强化各个关联企业的相互合作，为企业创造更高的效益。

智慧点拨

随着社会的进步和经济体制的不断完善，产业链的优化也逐渐成为企业变革的一部分，只有可持续发展的产业链才能推动企业更好地发展。

第二章 内部管理压力

历史学家汤因比说过："一个国家乃至一个民族，其衰亡都是由内部开始的，外部力量不过是其衰亡的最后一击。"

在当今市场竞争激烈的情况下，企业面临的问题和压力一般来自于两个方面，一方面是如何适应外部环境的变化，另一方面是如何协调内部的资源对内部环境的变化进行有效的管理和利用。由于企业对外部环境的变化的应对策略是建立在内部管理变革的基础上，因此，如何解决企业内部的管理压力，是企业最基础性的工作，也是衡量企业能否更好地生存和发展的标准。

当前的企业由于内部管理或是体系的变革，使得企业原有的组织结构、生产流程等一系列制度无法适应变革后的企业的发展，为企业带来内部管理上的压力。

对于一个企业，需要正确认识这些压力的来源，明确内部管理压力带来的危害，然后再进行管理的变革。

企业股权结构

股权结构是企业管理的基础，企业的管理结构也是管理股权的具体的方法。不同的股权结构决定了不同的企业管理结构，企业的管理结构决定着企业的业绩和运营的顺利与否。

在这种股权制度的影响下，尤其是一些成立时间较久的老企业，随着时代的发展和流程的不断优化，企业要想把事业做大做强，就必须引进外资，外资的引入使得原有的股权结构无法满足投资人的利益，在这种形式的影响下，进行股权结构的变革是企业必须面临的问题之一。

股权结构的变化，在满足了一部分投资人利益的同时，也给企业的经营与管理带来了压力。

第一，外资的进入，会为企业带来一定的外部管理人员的介入。每个持股的人都想对企业进行管理和控制，都想在企业中享有一定的发言权和管理权。因此，在这种压力的作用下，企业在人力资源的分配和管理上就存在着明显的压力，使得企业的管理层变得混乱。

第二，企业组织构架的管理压力。外资的进入，往往会带来一些新部门的加入和新员工的进入，这对原有的组织构架构成了威胁。同时，新部门员工的薪资福利也在一定程度上影响着企业的管理，降低了企业的生产效率和执行能力，影响企业的绩效。

第三，经营和所有权的混乱。股权结构的调整，使得原有的经营者的股权低于外资的股权份额，从而引起股东地位的变化。这样使得一些企业的所有者逐渐丧失了对企业的所有权，只享有经营权。这样会引起一些元老级员工的恐慌和不满，造成企业内部人心的动乱，不利于企业的管理。

第四，股权的分配和管理的不完善。由于新生力量的进入和外部的投资，导致企业内部股权结构发生变化，一些股权所有者的职能分配不合理而引起他们对企业管理的抵制情绪，这些都会制约企业的发展，为企业的经营带来负面影响。

由此可以看出，股权结构和内部管理是分不开的。一个企业的股权结构实际上就相当于一个人的大脑，而内部管理就是管理大脑的各种机能，如果一个人大脑的机能不够完善，那么他就不能更有效地完成各项活动，也不能出色地完成工作。相反，如果一个人的大脑机能很完善，那么他就有足够的能力来让自己变得优秀，进而在人才济济的社会中脱颖而出，找

到自己的位置。

在电子商务界流传着这样一句话："南阿里，北慧聪。"

慧聪网成立于1992年，是国内领先的B2B电子商务服务提供商。慧聪网出版的工商行业目录——《慧聪商情广告》，覆盖行业达30余个，同时出版30余个行业的年度商务黄页。

2003年12月，慧聪国际在香港挂牌上市，是国内信息服务行业及B2B电子商务行业首家上市公司。同时，慧聪网的总裁郭凡生宣布，慧聪的上市造就了100个百万富翁。

据《财经报》显示，慧聪网2012年的销售成本同比增长2.3%，营业收入则增长了约25%，慧聪企业2012年的员工总数将近3000人。

慧聪之所以取得这样的成绩，主要是因为慧聪对于股权结构的管理走的是先集权再分权的道路，集权主要是在企业建立的前期，企业各种规模和经营尚不稳定，需要统一化的管理。

对于一个企业来说，员工是最重要的组成元素。提高员工积极性的唯一办法，就是把企业的荣辱与员工的利益联系到一起。在企业的股权结构的管理中，是坚持股权的独立还是共享，是一个企业成功的关键。

于是，1998年，慧聪对企业进行股权结构的变革，使100多名员工成为企业的股东。

但是由于这种分权化的变革，使得慧聪陷入了管理上的危机。

股权结构的变革，把企业的员工按照工龄的长短分配了不同的股权，所以对那些拥有股权的员工而言，他们也是企业的投资者。作为一名投资人，他们都想干预、控制企业的管理，所以导致企业的治理结构出现混乱，这些都不利于企业的发展。

面对这种情况，慧聪提出对管理制度进行变革，对员工的股权分配采取的是保密的制度，设计完善的制度和合同等一系列内部管理的变革，使得股权结构的变革逐渐为企业带来了成效。

股权结构的变化必定会带来内部管理的变革，郭凡生的股权激励制度的变革，之所以能够为企业带来如日中天的效益，离不开内部的认识调整、职权的分配等一系列内部管理的变革。只有两者相辅相成，达到互利共生的状态，才能实现企业的变革目的。

股权结构的变革不仅能为上市公司带来效益，对未上市的企业也同样有着深远的影响。

贵阳南明老干妈风味食品有限责任公司成立于1996年，是一家规模庞大、效益空前的非上市的民营企业。

1984年，陶华碧凭借自己的炒制技术，推出了老干妈系列的风味调料，逐渐成为人们餐桌上的新宠。1996年，老干妈批量生产后，迅速成为调味品业的销售热点，并成为国内销售量最大的辣椒制品生产企业。

2012年，美国奢侈品电商把老干妈推举为尊贵的调制品限时抢购。在美国，“老干妈”已经成为人们心目中的一个来自中国的奢侈品。

2003—2013年十年间，老干妈的企业产值增加了近6倍，在社会上的行业认知度也提升到了31%。

老干妈之所以能从5元钱做到25亿元，成为国际知名品牌，离不开陶华碧对企业股权结构的管理。“老干妈”企业90%以上的股份都掌握在陶华碧的手中，因此，她不仅享有对企业的经营权、管理权，同时还享有对企业的所有权。这种集权式的管理模式，使这一家民营企业的管理制度变得明确，有利于企业的管理，提高企业的执行力。

老干妈的发展已经成为中国企业的一个奇迹，作为一个只会写三个字的陶华碧如何在风云变幻的市场上站稳脚跟，并且迅速成长为一个掌控总

资产达几十亿元的大企业掌门人，这与企业的管理制度股权的结构和分配以及内部的管理制度是分不开的。如今的非上市名企除了老干妈外，科技行业中华为的发展也发人深思。

随着国内市场的萎缩，华为逐渐认识到，人力资源的稳定和员工潜能的激发是企业生存的关键，于是在经济危机时期，华为采取股权激励措施，对企业的股权结构进行变革。

2008 年在美国次贷危机的影响下，华为为了帮助企业成功渡过经济危机的冲击和经济形势的恶化为企业带来的影响，大刀阔斧地对股权结构进行变革，提出股权激励措施。

2008 年 12 月，华为提出企业配股的公告，对企业实施股权结构变革，此次变革的股票价格是每股 4. 04 元，年利率为 6%，面向对象为华为内部工作时间一年以上的员工，并对不同层级的员工实行不同持股量的饱和配股。专业人士估计，华为此次股权变革的配股金额为 16 亿 ~17 亿元，是一次对员工内部持股结构的大规模的变革。

对于这种员工持股的股权结构的分配，转变了企业员工的角色，他们不仅仅是企业的打工者，更是企业的股东，是企业的管理者，这就造成了各持股员工都想对企业进行管理，导致企业管理陷入僵局。

为了改变股权结构的变革对企业带来的管理危机，企业开始对内部的管理进行变革。在企业的管理上，华为积极地与 IBM、Hay Group、PWC 等世界一流管理公司进行合作，在继承产品开发、供应链、人力资源管理、财务管理等方面上进行深化变革，建立了基于 IT 的管理体系。对员工采取双向晋升的原则，同时稀释大股东比例，重视人力资本价值，并采用有差别的薪资体系，保证了华为股权结构变革的顺利实施。

华为一系列的变革措施说明，股权变革中的股权激励制度可以将人力资本和企业的未来发展联系到一起。而对内部的管理进行相应的变革则保证了新股权结构的实施环境，两者结合在一起才能形成一个良性循环，保证企业股权结构变革取得良性的结果。

由此可见，企业股权结构分布的不合理，会对企业造成生存危机，要想让企业走向正轨，对企业的股权结构进行变革是一个管理者最明智的决定，优秀的总裁绝对不会让股权结构的问题影响到自己的企业的安危。同时，企业在进行股权结构变化的同时应该对内部的管理进行变革，否则会使股权的变革事倍功半。

 **智慧点拨**

股权结构是一个企业能否在市场上更好立足的根本，也是衡量一个企业管理制度优秀与否的标准，当企业股权结构发生变化时，要想使企业保持更好的发展状态，就要求企业领导人必须实施变革。

战略型设计

曾有言："商场如战场。"企业要想在竞争日益激烈的市场上翻云覆雨，风光无限，那就要求企业的总裁有过人的智慧和独到的管理方式。

在新兴市场格局的推动下，在各股竞争势力的不断压迫中，在不断走向多元化的需求市场的引导下，一些企业逐渐因为老掉牙的经营模式，而被市场封藏。若想打破这种经营的滞后问题，只有通过走战略设计来寻求企业经营的新方向。

但是，作为一家走战略型设计的企业，首先应该明确战略变革的四个原则。

1. 战略的重要性

战略对一个企业的重要性主要体现在以下几点。

（1）战略是企业成功的关键。战略其实就是企业经营的目标和方法。战略选择合理，企业才能达到理想的赢利模式；战略选择失败，企业就会面临亏损和惨败。

（2）战略是实现企业目标的前提条件。企业为了实现自身的利润和可持续发展的目标，就必须有一个正确的战略作为指导，否则就会导致一个失败的结局。战略和目标是一个相互依存的关系，目标依赖于战略，战略为目标指明方向，这是企业生存发展过程中的一条重要规律。

（3）战略是企业长久发展的保证。企业要想在当今竞争激烈的市场中，保持高效持久的发展，就必须有一个明确的战略作指导。如果战略失误了，那么企业就会面临破产。

（4）企业的战略是保证企业活力的前提条件。在企业的生存发展中，企业的优势主要取决于战略结构，战略的优异程度直接影响到一个企业在市场竞争中的优势地位，影响一个企业的生命力。

2. 战略的可行性

企业在制定战略的时候，首先应该考虑的问题就是战略的可行性。可行性是战略的根本，如果一个战略没有可行性，那么即使这个战略制定得再华丽，它也是一个没有价值的失败品。就像我们在古玩市场淘到的一件仿真收藏品一样，即使外形再怎么逼真，再怎么美轮美奂，它仍然是一个赝品，毫无价值可言。

所以，企业在制定战略的时候，首先应该考虑企业的资金是否能够支撑战略的实施，战略是否能够为企业带来赢利，能否为企业带来竞争上的优势等。

3. 战略的 SWOT 风险性

企业在制定战略时，首先要进行战略的分析，除了对企业内部环境进行分析外，还要仔细地分析外部环境对企业的具体影响。目前，SWOT 是企业最常用的分析方法。

利用 SWOT 进行战略的分析时，首先应该从内因的优势和劣势进行分析。优势是指给企业带来竞争优势的因素和战略具有的独特技巧，主要包括管理方面的专业知识、市场定位、人员配备等；劣势是指对企业发展产生制约的消极方面，主要包括企业的资源和能力、不良的形象和声誉、人才的缺失等。

然后从外因带来的机会和威胁进行分析。机会主要是指企业外部环境的变化为企业带来的机遇。如有利于企业经营活动的政府法规的出台、竞争者的倒闭等。威胁是指企业外部环境的改变为企业带来的不利影响。如竞争企业的迅速发展、替代产品增多、市场紧缩、经济衰退、不可控的突发事件等。

4. 战略的科学性

战略的科学性实际上反映的是战略的逻辑性，在战略的制定过程中要尽量搞清楚各要素之间的双边关系，除此之外，还要认识到系统要素之间的动力机制，知道整个系统是怎么运行的，对整个系统要素之间有一个协调的、科学性的统一。

以上是战略设计时必须坚持的四个重要特性，只有这样，战略的重新设计才能满足企业的生存发展需求。在战略设计中，万达就是一个企业的典范。

大连万达集团创立于 1988 年，至今已经形成商业地产、高级酒店、旅

游投资、文化产业、连锁百货五大产业。随着时代的发展，万达的身影已经深入到百姓生活的方方面面，现在人们的生活中随处都是万达的影子。

1988年，王健林接手负债149万元的大连西岗区住宅开发公司，经过多年的努力与奋斗，终于把一个负债一百多万元的小企业发展壮大为现在资产3800亿元，年收入1800多亿元，净利润100多亿元，并在全国拥有80多座万达广场、50多家五星级酒店、1000多块电影银幕、70多家百货购物广场的庞大资产群。

如今风生水起的万达，拥有帝国之称的万达，之所以能够取得如此成就，离不开王健林对企业战略的变革。

2000年，万达召开主要会议，决定重回主业，进行房地产的开发，发展商业地产的战略在这次会议中被首次提出。

2001年，万达的第一个商业地产——长春万达购物广场正式建立，并与沃尔玛签订了合作合同，是万达战略转型的第一步。

在核心业务上，万达与其他的房地产商不同，主打商业地产业务。在运营战略上，采用只租不售的方式，独创订单地产模式。

这一系列的战略变革方案，使得万达成功地在房地产企业脱颖而出，迅速成为中国房地产行业的“帝国”。

万达在进行战略变革后，迅速调整了自己的内部管理结构，对内部的组织架构进行变革，积极地引进专业性的人才，增加商业地产的业务部门。这些都是战略变革后为企业带来的后遗症，如果不解决这些问题，企业的内部管理就无法跟上企业变革后的战略进程，无法保证新战略的实行，从而对企业的发展造成阻碍。

除了万达，我国汽车行业中一些企业的迅速崛起，也给世界上的其他企业总裁上了一堂关于战略变革的讲座。

浙江吉利控股集团有限公司是中国国内汽车行业十强中唯一一家民营轿车生产经营企业。该企业成立于1986年，经过二十多年的发展，在汽车制造业取得了辉煌的成绩。

1997年进入轿车行业，并凭借有效的机制和创新取得了快速的发展，资产总值达到100多亿元。

2009年12月23日，吉利成功收购瑞典沃尔沃100%的股权。

2012年《财富》世界排名500强的企业新鲜出炉，吉利集团首次入围。截至2013年，吉利共有九个生产基地，合计60万的产能。

孙晓东在接受《每日经济新闻》的采访中说，“吉利现在需要考虑的是战略问题，包括产品战略、品牌战略和渠道战略”。

在将近一年的时间里，吉利没有新车推出，经过之前多品牌、多产品的尝试后，吉利将对企业的战略进行彻底的转型。2013年，吉利重新对企业的市场进行定位，进行多品牌的整合，对战略进行变革。

2014年北京车展前夕，吉利开始正式发布全球全新品牌战略，取消现有全球鹰、帝豪、英伦品牌，回归到一个吉利品牌，并重新设定了企业的LOGO。吉利由此开始进入新一轮的产品爆发期。

战略调整后，吉利原有的多品牌管理战略已经被取消，这些会给内部的人事和流程以及业务的管理带来压力，这些压力会使企业的生产率下降，员工的情绪受到影响，不仅不利于新战略的推行，还可能会严重阻碍企业的发展。面对这种战略变革后会产生的负面影响，企业开始对内部的管理进行变革，取消全球鹰、帝豪等的生产基地，对技术人员和生产基地以及内部管理人员进行再分配，保证新战略的顺利进行。

吉利的成功源于在战略上的重新定位，进行品牌的整合与统一，这是具备前瞻性的正确决策。但是成功同样离不开企业内部管理的变革，生产基地的再规划、人事的再调整都为新战略提供了良好的孵化环境，保证了

新战略的顺利进行，提高了企业的变革速度和效率。

由此可见，战略管理是现代企业社会发展的产物，它能帮助一个企业快速找到自己的目标定位，准确地找到市场，使企业与市场需求达到一个动态的平衡，以达到企业稳固经营、迅速发展的目的。

但是，当企业进行战略再设计时，必然会对企业的组织结构、人力资源管理、营销模式等提出新的要求，从而造成一系列的内部管理问题，如果不能及时地做出正确应对，会导致企业陷入瘫痪。

对企业的发展而言，“以变治变”是最基本的生存方法之一，也是企业取得市场竞争优势的前提之一。因此，当企业对战略进行重新设计时，企业首先应该做的就是对内部的管理进行适应性的变革，让革新后的内部管理与新战略的实施起到相辅相成的作用。

智慧点拨

战略性设计是企业在时代中求发展的一种有效手段，但是，战略的实施离不开内部有效的管理。根据战略对企业内部进行变革，是一个企业成功的标志。

流程再造

曾经看到过一则报道，××企业家因为不堪破产的重负，以自杀的方式结束了自己即将面临的一无所有的生活。

当今社会，随着科技水平和网络信息的不断更新，市场对产品的要求也越来越高，依据传统的流程生产出的商品已经完全不能满足市场的需求。加之大量新型的创业团队不断加入市场，导致市场竞争的强度不断提高，市场的弹性也不断加大，这对传统的流程模式产生了很大的冲击。

因此，企业开始对自身的流程进行改造，以此提高自己的产品质量，更多更好地满足客户需求。但是，有些企业却因为流程再造走入低谷，这种“搬起石头砸自己脚”的现象屡见不鲜。

20 世纪 80 年代，福特进行采购部门流程再造，改变原有的传统流程，利用信息技术和计算机对采购流程进行改造。通过数据库的建立和互联网的使用对采购流程进行数据化的管理。

但是，福特这一采购流程的再造迫使福特企业不得不对原有采购部门的管理进行变革。当时，在北美的福特公司，财务会计部的员工有 500 多人。但是随着流程的信息技术化，使得福特财务会计部的人员出现闲置。同时，由于信息技术的使用，使得福特迫切需要一些新型信息技术的会计人才。这一系列因为企业的流程再造带来的压力，迫使福特不得不对企业内部的人力资源进行变革管理，以保证企业新流程的正常运行。

从福特的变革中我们可以看出，流程再造必定会为企业带来一些管理上的压力，这些压力都是导致企业流程无法正常运行，阻碍企业发展的致命威胁。但是，从 IBM 通过流程再造，帮助这位“蓝色巨人”扭亏为盈的案例可以看出，流程再造的确是企业变革的一个方向。

20 世纪 90 年代初，创下美国企业亏损纪录的“蓝色巨人”IBM，仅仅用了三年的时间，就把这位“蓝色巨人”带上了赢利的道路，重新确立了“蓝色巨人”在世界上的地位。

2011 年 9 月 30 日，截止到收盘，IBM 的市值达到 2140 亿美元，成功超越了微软成为全球市值第二的科技企业。

根据 2012 年 7 月 30 日的财报显示，IBM 2012 年的净收入为 39 亿美元，比 2011 年第二季度的净收入增长了 6%。

现在的“蓝色巨人”已经成为一个巨额赢利的互联网企业。其成功的秘诀是企业实行以柔韧性为特色的企业管理流程的再造。

唐乃辉说：“质量是20世纪80年代企业成败的关键，而把客户当作合作伙伴的团队销售是当今企业成败的关键。”旧的垂直式管理层级的管理体制已经不能满足以客户为中心的战略需求。在旧的组织结构中，在某个组织机构中有固定位置的人只能执行该位置规定的职能，不能越权管理，无论这种职能是否会对企业的发展带来优势。但是，在新的组织结构中，特长扮演着决定性的作用，只要市场机会出现，在特定机构中固定位置的人就会以特长为条件进入到其他小组的管理，并在其中扮演小组成员的角色，和小组中的其他成员组成一个业务团体，直到任务完成。

这种管理方式，IBM称其为“市场机会管理流程”。

首先，公司对进入市场机会中的管理流程进行精选，选中的被纳入新的流程，并选择相应的人员进入新的流程担当管理角色。这样就形成了实施公司重构下，最关键的以客户管理为主题的企业流程再造，并结合对内部组织架构的变革，保证流程再造的顺利进行。

IBM的这种以柔韧性管理为核心的流程再造带来了显而易见的成效，首先产品的更新速度大幅提升，各种新产品相继推出。同时企业的技术能力也有了长足的进展，各种新技术应运而生。除此之外，公司对市场的反应速度加快，客户的满意度也因此大幅提高，重塑了IBM的品牌形象，为公司创造了更多的无形利益。

这种通过流程再造，从而使企业实现腾飞的案例不仅仅出现在美国的“蓝色巨人”身上，在中国的海尔，流程再造的优势也使得海尔拉开了变革的胜利乐章。

海尔集团自1984年创业以来，一直坚持创新精神为企业经营的核心思想。通过对企业的不断变革，使海尔从一家濒临倒闭的小企业发展壮大，到今天一家全球化的集团公司，多年稳居中国企业500强前列，成为全球白色家电第一品牌。

但是，就是这样一家呼风唤雨的大企业，也无法逃脱“大企业病”的威胁。在我国，所谓的“大企业病”，就是许多大企业发展到一定程度，就会停滞不前甚至是走向衰退。这种病的发病原因归根结底还是因为随着企业的发展，传统的流程已经不能满足企业现有的生存与发展需要，从而使企业陷入发展的瓶颈。

面对这种“大企业病”的威胁，海尔提出对流程进行变革，通过走流程再造的道路帮助企业根治这种并发症。于是海尔决定把原来各事业部、采购、销售业务等全部分离出来，并建立海外的商流、物流、资金流等推进本部的全新流程，再将企业内部原本被分解的资源进行整合，形成统一的营销、采购、结算体系，使整个企业变成一个环环相扣、联系紧密的流程。

流程的变革同样为海尔带来了内部管理的压力。海尔原来的组织结构是传统的事业本部制结构，集团下设六个产品本部，每个产品本部根据自己的产品类型组建事业部，各事业部又下设财务、质检、产品储备等各个小部门。但是这种传统的组织构架满足不了新流程的使用，因此给企业带来了内部管理上的压力，所以海尔进行组织结构的变革，把企业分为职能中心部门、产品本部和推进本部，新的组织结构保证了流程的顺利推行。

流程再造离不开企业内部管理的配合，需要根据新流程进行相适宜的变革，否则就会处处受阻，无法达成流程再造所期望的成果。海尔企业的流程再造和组织结构的变革同时进行，相互统一，不仅帮助海尔实现了零库存、零资产占有率、零距离的“三零”经营模式，同时帮助海尔进一步奠定了在家电产业的地位。

对一般企业而言，流程再造为企业带来的影响一般表现在以下几个方面。

1. 技术

流程再造后，企业对技术的要求会比之前的技术要求更高，而企业员工的技术水平受到传统流程的影响，不容易发挥员工的技术在流程再造中的优势。

2. 组织构架

流程环节的增加或是减少，会导致部门的变化和人力资源的变化。对原来的组织构架产生威胁，无法保证企业流程的正常运行，从而造成企业的损失。

3. 营销战略

流程再造后对企业原有的营销和经营战略都产生了冲击，导致一些战略与企业的流程之间脱轨，使企业的运营受到阻碍。

不仅如此，它还会让影响企业的生产效率，同时也背离了企业产品优化的目标，这种管理方式的继续蔓延，只会拖慢企业前进的脚步，最后导致企业因为跟不上时代发展的步伐而被市场淘汰。

这个时候，作为一家企业的精神领袖和决策者，更应该比别人更早地认识到这种因为流程而导致的企业脚步滞后问题，及时地采取一些手段来让自己的企业逃离“枯竭”的境地，对企业的流程进行全面的管理，让你的管理带领整个团队奔着“今年冬天又有肉吃”的开阔前景进取。

对于一个企业总裁而言，要想通过流程再造满足客户的需求，为企业获得更大的利润，就应该根据流程的变化进行技术、认识、组织构架、营销战略等内部管理的变革，保证新流程的高效运行，提高企业的效率。

智慧点拨

流程是企业在时代发展中，为了适应时代的发展要求的必然产物。但是，流程再造必然会对企业内部原有的的组织构架和业务流程等带来冲击，唯一的解决方法就是根据流程再造的方向对企业进行内部的变革。

企业难以有效控制

不是所有的人都有资格当总裁。一个合格的总裁会把自己的企业管理得更有效，而一个不合格的总裁则会毁掉一个企业，因为他不能有效地控制企业的内部管理和发展。

随着全球化经济模式的不断普及和科学技术的不断改革，日趋复杂的组织内部关系和竞争不断激化的市场，使企业发展与控制中的变动要素越来越多，也越来越复杂，相对而言企业承担的风险也就越来越多。

在这种环境变化而为企业带来的种种压力下，通过积极地变革和不断地创新，抓住变革的机会，是企业赢得竞争优势的根本方法，变革也已经成为企业发展中的一种常态。换句话说，变革已经成为企业解决压力的一个议题。但是由于各种原因，企业在变革的时候均会受到各种阻碍，因而导致管理者失去了对变革过程的控制能力，变革脱离方向、脱离计划，从而造成企业变革的失败。

通过对企业变革失败的原因的分析，可以看出，企业变革过程中难以有效控制的因素一般包括以下几点。

1. 企业文化影响变革的控制

企业文化是在企业的漫长发展过程中，由企业的价值观、信念、处事方式等组成的一种企业文化的形象。企业文化随着时间的不断推移，对员

工的行为和意识形成了一种惯性，但是变革的过程中，由于员工的意识和行为受到传统文化的影响，导致在变革过程中，员工的行为和思想的惯性让领导难以控制。

在这种局势的影响下，企业急需一个正能量的企业文化以满足变革的需求。因此，企业文化的变革也逐渐成为企业变革的一部分。

江纸集团是我国造浆制纸行业的大型骨干企业，也是江西一带资本市场的企业开创者。江纸拥有年产能力达20万吨新闻纸的先进制纸设备，生产能力也处于纸制行业的前列。

江西纸业股份有限公司于1997年4月，在上证所上市。在1996—1998年三年时间里实现利润的大幅度增长，成为江西省企业的重点赢利企业之一。江纸曾经因为管理基础工作扎实，科技与时俱进，产品生产率高，先后获得江西省优秀企业的荣誉。

但是，就是这样一个曾经辉煌一时的商界传奇，却从2001年起连续三年出现了巨额亏损，走向了破产的边缘。

2004年2月2日，南昌市中级人民法院一审宣判：江纸有限公司总经理姜和平以受贿罪、巨额财产来源不明罪被判处死刑，缓期两年执行。在江和平这一贪污腐败案中，有17个人是江纸的管理骨干，就是因为姜和平等人的贪污腐败之风，使这家拥有6000多名员工，拥有10多亿元固定资产的国有大企业走向了破产。

江纸集团这样的大企业以这样的方式向世界宣告了自己失败的命运，最主要的原因就是其没有随着企业的发展壮大对企业文化进行变革，没有在企业中树立积极、健康、强有力的文化指导。所以，企业的高级管理人员在企业急速扩张的“盛世”之下迷失了自我，失去了为企业发展鞠躬尽瘁的信念，反而成为了企业的“蛀虫”，最终将曾经强盛的企业“啃噬殆尽”。

2. 企业中的裙带关系束缚了变革的行为

在一个公司中，多多少少都有一些“皇亲国戚”，这些通过裙带关系在企业中混迹的员工，甚至是一些管理层人员，也影响着变革中的控制。因为这些裙带关系的关联者，都会因为一些关系和矫情，导致有些变革中的制度或是政策得不到落实，更有甚者因为仰仗着自己的“靠山”，对企业的变革措施不屑一顾，不遵守变革的政策，这些都直接影响了变革的顺利推行。

在企业中，大家都知道裙带关系的“毒性”，这个威胁变革成功的原因之一，如果得不到遏制，变革将会走向另一个局面。为了避免这种局面的出现，应该加强企业内部管理制度的变革，杜绝这种裙带关系的出现。

在湖南娄底，一条涟水河隔开了华菱涟源钢铁集团有限公司和娄底城区，这种地理格局，使得具有50多年历史的华菱涟源就像是一个独立的“十里钢城”，这条涟河就像是一个贫富分界线，娄底地区超过一半的GDP都是出自钢城的贡献。

之前，河对岸的钢城的人均收入要比娄底人高很多，但是随着时间的推移，娄底人的收入水平在不断提高，而华菱涟源却在不断地亏损。2010年，华菱涟源亏损接近20亿元，钢城的人也褪去了之前的辉煌，优越感消失殆尽。这不禁让人们感到疑惑，到底是什么原因让这个原本销售收入直线上升的“十里钢城”，沦落到今天的境地？

据知情人士介绍，在华菱涟源，管理干部的裙带关系、关联交易几乎到了“病入膏肓”的境地，受这些裙带关系的影响，企业逐渐出现了内外利益勾结、成本管理失控、质量以次充好等严重问题。

财新的记者通过对员工的走访调查和群众举报了解到，华菱涟源有六

名企业高管涉及裙带关系和关联交易的违法行为。在华菱涟源一共才有八九名高管，六名是裙带关系和关联交易的牵涉者，这样的企业怎能实现有效控制？所以华菱涟源的今天，是裙带关系导致的必然恶果。

在这种危机的影响下，华菱集团开始调配管理人员对华菱涟源进行管理变革，帮助华菱涟源扭亏为盈。

2010 年 8 月，曹慧泉被安排到华菱涟源，对企业进行反腐和制度改革“双管齐下”的变革，希望可以改变企业目前亏损的状况，扭亏为盈。

华菱涟源的亏损主要是由于内部难以有效控制造成的企业危机，而导致内部难以有效控制的根本原因是裙带关系的盛行，“官官相护”的职场作风使企业成为了满足高管个人利益的工具。曹慧泉的变革也是根据企业“病原体”而进行内部制度的变革，否则将无法帮助华菱涟源走出这种企业难以有效控制的局面。

3. 资金回笼速度与企业的发展

目前，一些企业在不断上升的业绩面前，都表现得过于轻浮，开始通过扩大业务、扩大经营等变革来提升企业的发展。但是这种求大心切的结果，就是企业的发展与企业的资金回笼速度出现了偏差。企业的资金回笼速度无法跟上企业发展的步伐，使企业的现金流出现中断，导致企业陷入失控的局面。

在这种现象的影响下，企业需要对企业的发展进行变革，制定出一套适合企业自身实际情况的发展策略和业务流程，以此保证企业在发展与资金流动中避免出现脱轨的现象。

4. 制度与人情

企业在进行制度变革的时候，一些执行变革的员工往往会碍于人情，导致在变革中犹豫不决、优柔寡断，变革方案无法按照预期进行，变革的过程和步骤等都失去了有效的控制，为变革带来了阻碍。

针对这种情况，企业应该制定加强企业内部的管理变革，区分制度与人情之间的关系，使变革不受到制约，保证变革方案的顺利进行。

以上四种都是在企业变革过程中导致企业无法有效控制的一些因素，但是，在企业的变革中，容易出现一些导致企业难以有效控制的因素，这些都会对企业的变革形成阻碍，导致变革的失败。

提起变革，我们首先想到的是通用史上的传奇人物——杰克·韦尔奇。他对通用的变革，实现了对通用内部管理的有效控制，同时也通过变革为通用创造了更多的财富，巩固了通用的地位和声誉。

1981 年 4 月，45 岁的韦尔奇成为通用电气公司历史上最为年轻的董事长和首席执行官。这时的通用电气销售额为 250 亿美元左右，赢利大约有 15 亿美元，市场价值是全美国上市公司的第十名。

韦尔奇初到通用时，这家在历史上屹立了 117 年之久的企业，机构臃肿、等级制度森严、对市场的反应也比较迟缓，在全球的竞争中处于难以有效控制的局面。按照韦尔奇的经营理念，只有在市场上领先对手的企业，才能在竞争日益激烈的今天处于领先的地位。为了改变通用在市场上的地位，控制内部的管理，韦尔奇开始对通用的内部管理进行变革。

韦尔奇首先改革内部的管理体制，减少管理的层次和多余的员工，将原来 8 个层次减少到 4 个层次甚至是 3 个层次，并在企业内部进行大量的裁员工作。韦尔奇在通用的几年间，大刀阔斧地砍掉了通用原有的约 25% 的企业，撤销了 10 多万个工作岗位，将 300 多个单位合并成 13 个业务部门。

在韦尔奇的这一变革措施的领导下，到 1999 年，通用电气实现了 1000 多亿美元的销售收入，100 多亿美元的赢利，市场价值也迅速上升到

世界第二。

企业发出难以有效控制的信号，实际上是对企业内部管理的一种“抗议”，这个时候，企业应该抓住这次变革的机会，从根本上解决企业难以有效控制的原因，这样就能实现可持续发展，保证企业因变革走向光辉的前途。在通用，正是由于韦尔奇正确地觉察到企业难以有效控制的原因，积极地对企业的内部管理和业务进行大刀阔斧的变革，通用才会在竞争日益激烈的市场中取得突出的地位。

其实，除了上述的几家企业外，现在有许多企业都面临着难以控制的局面，主要包括生产流程、环境、风险评估、控制活动、信息等，各方面的控制已经让企业显得力不从心。作为一家大型企业的总裁，对于财务报表的可靠性、经营的效率和效果、员工们对法律法规的遵守这三个在国际上通常被认为是内部控制应该表现的三大目标，如今也变得不置可否。

对于一个企业的总裁而言，一旦感觉到这种难以控制的压力，就必须对企业的内部管理进行查漏补缺，据此对企业内部管理进行变革，加强对企业内部的管理和监督，实现对企业的有效控制，保证各项经济活动的正常进行。

智慧点拨

当企业陷入难以有效控制的问题时，当企业难以有效控制为企业的管理带来压力时，应该引起企业的重视，对企业内部的管理进行变革，加强企业内部人员、设备、业务流程等规范化管理，以此达到对企业的有效控制。

管理层危机意识淡薄

对于未来，我们是无法预知的。也许你今天还是风光无限，明日就变成了“明日黄花”；也许今天的你还在舞台上夸夸其谈自己对人生的论述，明天你就因为吸毒而被关押。所以说未来是无法确定的，灾难也是无法揣摩的。对于企业也是一样，今天也许你还在《福布斯》排行榜上冲大家微微一笑，明天就已经处于破产的边缘。

这些突发情况都是防不胜防的，对于一个管理者而言，唯一能做的就是强化自己的危机意识，在危机出现时能够从容应对。

在当今信息化传播的时代，危机的潜在破坏性是极大的，如果没有及时地进行危机处理，那么即使是一家大型的企业也可能在短时间内以无法拯救之势走向灭亡。所以，在这个信息孕育危机的时代，管理层的危机意识淡薄，犹如企业对危机颁布了通行令，使危机在企业中迅速扩散，最终威胁企业的生命。

在当今企业的管理中，管理层的危机意识淡薄的原因，主要包括以下几点。

1. 管理层的惰性

惰性的表现形式就是一些人不想改变目前的状况或是习惯，对现在的生活表示满足。这样的人在行为上就会变得懒散，缺乏积极性；在思维上就不爱动脑子，不主动创新。对于任何事情都表现得比较被动，不会主动出击。

但是，在这个世界上，不主动出击就会被别人打败。这种惰性心理最终会导致企业在别人的不断进步中陷入倒退的局面，因此，企业在这种惰性心理的侵蚀下，逐渐陷入了被市场淘汰的危机。

2. 管理层的责任心缺失

在一些企业的中级管理者身上，已经逐渐失去了责任心的影子，因为就一个企业而言，事故的承担者主要是企业的总裁。所以，一些管理层存在着一种“事不关己，高高挂起”的私心，对企业中的一些事情，明知可以通过自己的努力解决，却又不想惹祸上身，对企业中一些不良的行为也只是睁一只眼，闭一只眼。

这种责任心的缺失会降低企业的生产效率，阻碍政策的执行结果，对企业的发展产生阻力。

3. 管理层的危机感丧失

现在的管理层每天拿着固定的工资，在企业里日复一日地工作，在这种波澜不惊的生活中，逐渐变得安逸，而忽略了身边的危机。他们总觉得企业可以让自己衣食无忧，因此危机感逐渐在这种周而复始的生活中荡然无存。

危机感的丧失导致一些企业的管理层没有了对危机的感应能力，也没有应对危机的意识。当企业面临危机的时候，就会变得不知所措，任由事态继续发展。

4. 管理层的侥幸心理

侥幸心理是人们普遍存在的一种常见病，它会使人们逐渐失去把事情做到最好的激情。对上级交代的事情，常常怀着一种应付的心理，对于工作上的一些小失误，也是抱着“领导不一定会发现，发现了也不一定会管”的侥幸心理，最终酿成大错，为企业带来无法弥补的损失，遭到企业的严厉制裁。

以上都是导致管理层危机意识淡薄的原因，这些都会制约企业的发展，影响企业的变革进程，为企业带来不良的影响。目前，许多企业都是因为管理层危机意识淡薄而导致自身的失败。

在众多的企业管理层危机意识淡薄而导致企业失败的案例中，三鹿可以算是典型的反面教材了。

三鹿集团成立于1956年2月16日，原本只是一家“幸福乳业生产合作社”，经过几代人半个多世纪的奋斗，三鹿在乳制品行业中一路领先，成为中国乳制品行业的典范。

1983年，三鹿率先研制出婴幼儿配方奶粉；1986年，推出了“牛奶下乡，牛奶进城”的城乡合作经营模式；1993年，实行品牌和集团运营战略；1995年，成为第一个在中央电视台黄金时段播放广告的乳制品企业；1996年，导入CI系统；2005年8月，“三鹿”被评为500个最具价值的品牌之一；2007年，被认定为“中国驰名商标”。

但是，2008年，“三鹿”却被查出了具有质量问题，而被勒令停产，这就是著名的“三聚氰胺”事件。

造成三鹿悲剧的三聚氰胺其实只是一个导火线，企业管理层危机意识的淡薄才是导致三鹿失败的根本原因。

为了在竞争激烈的市场中取得成效，三鹿开始通过打价格战提高自己的产品购买率。在价格的控制下，三鹿有时候会接受一些质量低下的原奶，降低了对原奶的质量要求，因此导致“三聚氰胺”事件的发生。并且在该事件发生后，三鹿并没有对奶粉问题进行公开，而是采取各种手段将问题封藏。在面对外界的质疑和媒体的追问中，三鹿仍旧不将真实情况向外界说明，因此引发了媒体的深挖和曝光，导致曝光后消费者信心一落千丈，不可恢复。

2009年2月12日，石家庄中级人民法院宣布三鹿集团股份有限公司破产。

三鹿破产的根源在于为了企业利益置消费者的生命安全于不顾，管理者认为即使降低产品质量消费者也不会发现。在这种心态的唆使下，最终酿成了悲剧。而且在问题曝光后，三鹿的危机公关同样让人看不到任何责任感，只是不断遮掩，试图避过“风头”，最终让消费者彻底失望。

随着全球化、市场化和竞争不断激烈的时代的到来，企业的经营环境日趋复杂多变，这些微小的变化都会为企业的发展带来危机，并时常伴随着企业的生存与发展。在这种社会发展的背景下，如果管理者没有良好的危机管理意识，是无法在这个变化无常的市场环境中得到更好的发展的。

目前这种因为管理层危机意识淡薄而引发的企业危机，已经屡见不鲜。“达芬奇家具”这一天价的“进口货”被批造假一事，也是管理层危机意识淡薄的“受害者”。

1994 年，达芬奇家居在新加坡开设了首家零售店，迄今为止，达芬奇家居已经扩展到文莱、马来西亚、中国等国家，并成功地开设了 7 家分店。

但是就是这样一个享誉国际的家居大品牌，却在 2011 年 7 月 10 日被指造假。

北京的唐女士花了 280 多万元在达芬奇家居专卖店购买了 40 多件家具，但是她很快发现，这些自己花费了大量金钱购买的家具竟然发出强烈的刺激性气味。唐女士随即把自己购买的家具运送到相关部门进行检测，但是检测结果却让人大吃一惊，这些家具所用的原材料并非来自意大利进口的“天然高品质原料”，而是一些不合格产品。

经过调查，北京达芬奇家居专卖店所承诺的所有原材料均来自意大利一个偏远的小镇上的一种名为白杨荆棘根的名贵木材。据销售人员提供的地址，央视驻欧洲的记者在意大利找到了家具的生产公司，但是公司的负责人说，他们和达芬奇公司的确有合作关系，但是所采用的雕花并不是实木雕花，而是用一种特殊的树脂材料做成的。

根据业内人士提供的线索，记者最终在长丰找到了真相。据长丰家具制造厂的总经理介绍，北京达芬奇家居专卖店的产品确实是本厂生产的。并且表示，在达芬奇买到30多万元的床，实际上只需要3万元左右。

长丰的经理还表示，为达芬奇公司生产的家具所使用的原材料根本就不是意大利的名贵木材，而是高分子的树脂材料，雕花也不是手工制作，而是采用的磨具成型。

达芬奇为了塑造自己的家具是国际进口的假象，专门设计了一整套流程。把总部设在上海，将在广东生产的家具，从深圳出港，到意大利转了一圈，然后再从上海入港。这样，这些“冒牌货”就有了全套IDE进口手续，成为达芬奇公司所说的100%意大利生产、“国际超级品牌”的家具了。

在记者和广大消费者寻求真相的背后，终于揭开了“达芬奇”的神秘面纱，这位走国际化道路的家具企业大亨，拿着中国的自主品牌，贴上意大利的名牌商标，到国外走了一圈之后，就以国际品牌招摇撞骗，最终被消费者识破，迈入了失败的结局。这些荒唐现象的背后所折射出的是公司管理人员责任心的缺失和侥幸心理，因而让公司持续着错误的经营理念和方针，最终为公司带来不可逆转的负面影响。

多年来，人们在购买产品的时候，一直对外国品牌怀有偏执的心理，凡是被贴上“进口”“国际品牌”等标签的产品，总能引起更多人的购买。在他们的心中，似乎外国的品牌更值得信赖，但是，近几年，打着国际品牌的商品在中国频频出现问题，除了“达芬奇家居”外，“奥的斯”也开始走向质量下滑的道路，这使得消费者对国际品牌的信任度大打折扣。

奥的斯电梯是一家源于美国的品牌，也是进驻中国市场最早的电梯品牌。

1902年上海的和平饭店安装了两台奥的斯电梯，从此奥的斯便打开了

中国的电梯市场。

但是，这个在中国发展了近100年历史的老品牌，却频频出现意外。

2010年12月14日，在深圳地铁一号线国贸站的一台正在上行的电梯突然发生逆向运转，造成25人受伤。

2011年7月5日，北京地铁四号线动物园站A口的上行电梯发生逆转，导致部分乘客摔倒挤压，共造成1人死亡30人受伤。

据初步调查显示，造成两则事故的主要原因是由于电梯的固定零件损坏，驱动主轴主机发生位移，驱动链条脱落，附加制动器未启动，造成了滑梯事件。

奥的斯这一国际品牌接二连三出现的因质量问题而引发的悲剧，不仅损害了奥的斯这一在中国盘踞了100多年的商品的地位和信誉，同时也为受害者带来了不可磨灭的心理阴影。这些事件产生的根本原因是关联企业均缺乏危机意识，奥的斯作为电梯的生产企业，在生产过程中没有对产品进行全面的、可靠的质量检测，而电梯的使用企业也没有安排其技术人员定期对电梯进行维修和防护，因而导致悲剧频频上演。

以上几个案例折射出一个道理：危机伴随着任何一个企业的成长，从企业成立之初，危机便已经以一种潜藏病毒的方式进驻到企业的发展之中。有些企业能在危机中取得更大的突破，而有的企业却因为危机的出现而导致企业灭亡。企业在危机中迎来的完全相异的结果，完全取决于管理层对危机管理意识与能力的差异。

但是，就我国目前企业的发展状况而言，企业管理层危机意识相对比较淡薄，没有洞察潜藏危机出现的能力，也没有在危机发生时积极应对危机的意识和水平。许多大企业因为危机意识的淡薄而导致的悲剧仍然在不断地上演，比如，让过期肉流向肯德基和麦当劳的上海福喜。

在企业的生存与发展中，加强企业领导的危机意识是非常关键的，只有总裁具有危机意识，才会对企业的发展进行危机的预防、避免和事后的处理工作，这样对一个企业的生存与发展是百利而无一害的。

美国的奥古斯丁认为：“每次危机既包含导致失败的根源，又孕育着成功的种子。”企业管理者危机感的建立和应用，其实就是带领自己的企业培养危机意识，做到防患于未然。

因此，企业应该针对管理层危机意识淡薄这一现象进行内部变革，成立危机公关小组，强化管理层的危机意识，培养企业全体应对危机的能力，使企业更加从容地应对危机，以危机为跳板促进企业的成功。

智慧点拨

对于一个企业的管理者而言，强化危机意识是一个刻不容缓的时代主题，这是市场发展下管理者必不可少的一项能力，也是内部变革的方向。

“官本位”不良氛围

中国是一个“官本位”思想盛行的国家，“官本位”已经成为一种中国的特色文化充斥于社会生活的各个角落。有位历史学家说：“中国五千年的文明史一不是封建主义，二不是资本主义，三不是社会主义，而是‘官僚主义’。”这种说法尽管是一种以偏概全的笼统观点，但是，“官本位”现象确实在中国无所不在，无时不在。

“普天之下，莫非王土；率土之滨，莫非王臣。”当“官”就有尊严，有“权”就有一切。

由于受传统观念的影响，特别是中国上下几千年传统的封建专制制度的影响，在中国人民心中“官本位”的思想根深蒂固。这就导致不管在现在的社会生活中还是在企业的竞争中，往往把“升官”当作人生中一个奋斗的目标。

历史发展到了今天，科学与民主已经成为社会思想的主流，但是人们心中的“官本位”意识却从来没有因为时代的变化而动摇，依然顽固地存在于政治、企业中。而且这种现象较古代有过之而无不及。若说之前的时代，“官本位”在人们思想中占据一席之地的话，那么现在，“官本位”的思想则以暴风席卷之势，在现代人的思想中掀起了一场头脑风暴。

就目前的企业而言，很多员工都把“升职”作为自己在企业中的目标，甚至有些员工之间为“上位”明争暗斗，造成企业中一种“灰色”的势力席卷整个企业的工作氛围，他们把更多的精力都花费在职位的争夺上，而忽略了自己的职责。

企业之间的这种为了“上位”而进行的明争暗斗，正是这种“官本位”思想笼罩下的真实写照。在现代的企业中，升职预示着加薪、住豪宅、开豪车，在企业中的地位也会一路飙升。在这种思想的影响下，人人都想冒尖。这纯粹是因为职位越高，得到的好处就越多，面对这些人人都无法抗拒的“好处”，“官本位”的思想膨胀也就变得顺其自然。

“官本位”思想的快速蔓延必定会带来一定的危害。

1. 用“官本位”评价企业的社会地位，导致企业的经营目标出现偏差

企业的经营目标就是为企业创造更多的剩余价值，保证企业的稳定和可持续发展。但是，企业中的一些管理层仍然保持着浓厚的“官本位”思想，他们评价企业的社会地位的时候，主要侧重于能不能与政府官员拉上关系，能不能得到政府的支持，并把这些当作企业重点经营的方向。

这样就使得企业的领导人没有精力关注企业发展中存在的机遇，没有时间用于企业的创新研究，久而久之，就会偏离企业的目标。

2. 用“官本位”衡量管理者的业绩，阻碍企业经济的发展

一般而言，企业的管理者享有掌管企业的人力、物力、财力等多方面的权利，为了保住或是获取更多的权利，企业的管理者开始动用一些手段，比如弄虚作假、伪造业绩、欺上瞒下、夸大企业的发展。这些重速度轻效益的粗放型发展，势必会造成企业领导更换频繁，从而严重制约企业经济的发展。

3. 企业管理者以“官本位”作为价值观，改变了企业文化的发展方向

企业文化是一种规范员工行为、激发员工战斗力的文化，企业管理者的价值观对于企业文化有着很大的影响。可以这么说，企业管理者具有什么样的价值观，就会在工作中形成一种行为准则，以此作为影响员工行为和思想的参照。

如果一个企业的管理者具有“官本位”的思想，那么在企业上下就会形成一种“以官为贵”的官僚主义之风，这会使企业沦陷在一种“官本位”的文化之中，对原来的企业文化造成干扰。

4. 以“官本位”思想进行管理企业，不利于企业的变革

就目前的经济发展形势来看，官本位思想是企业变革路上的绊脚石。在这种思想的作用下，企业的管理者没有把心思用在如何把企业做大做强，如何让企业在竞争中取得突出的地位，长此以往，企业就会在同行业的不断变革、不断进步中处于劣势。

关于“官本位”现象对企业发展的制约作用，有些读者对比了济南五家企业变成“ST公司”的这一案例，对“官本位”现象产生的危害进行阐述。

2002年，济南市市属管理的五家上市公司因连续亏损等原因，均被特别处理，成为“ST”，并按照有关规定，被迫暂时停牌，济南市属管理的五家公司上演了“全军覆没”的悲剧。

五家公司集体变“ST”，不得不引起相关领导人的反思。是什么原因，让“老上市公司全变衰，新上市公司全变脸”这种令人失望的局面的出现？

据有关调查人员的调查报告指出，造成五家企业这种局面的根本原因之一，就是企业的“官本位”思想盛行。

“官本位”思想的盛行，和企业家队伍培育与选择市场的机制尚未健全有很大关联，因此导致企业中缺少一批眼界开阔，且具有驾驭市场能力的企业管理者。在这种思想的作用下，企业很难形成一种具有创新意识、竞争意识和市场分析意识的企业氛围。“ST小鸭”上市不到四年，董事长换了四任，总经理换了五任，企业上下的管理层人员和企业家的“从政”意识浓厚，所以企业难以实现可持续发展。

针对济南这五家上市公司的悲剧，山东大学教授侯凤云表示：“在‘官本位’意识相当盛行的济南，很多企业的经营者不是想方设法去搞好企业，以企业的长期发展为自己奋斗的目标，而是积极向官靠拢，在这种思想的指导下，他们只向个别的官员负责，而不向企业负责，向全体股东负责。”

企业的核心价值就是赚钱，为企业创造更多的价值，提升企业的社会地位。不要把“官本位”的思想带到企业的发展之中，这样既阻碍了企业的经济发展，也阻碍了企业的变革步伐，为企业带来许多负面影响，导致企业的失败。

在“官本位”思想为企业带来危害的笼罩下，企业明显感觉到发展压力，在这种压力的制约下，企业要想更快地发展已经成为天方夜谭。而企业最为重视的培养员工的主人翁意识，也在这种“官本位”思想的影响下，成为一项不可能完成的任务。

因此，在我国当今社会主义和谐建设的背景的影响下，企业对消除

“官本位”思想予以重视是非常有必要的。这可以帮助企业找到阻碍企业和谐发展步伐和影响企业经济发展的思想原因，并提出解决策略，以此缓解企业“官本位”现象对企业经济和企业文化的影响。

企业越是做大做强，就越容易滋生“官本位”氛围，从而制约企业进一步发展，甚至造成衰亡。企业只有通过内部管理变革才能拨开这团乌云，成就更好的商业传奇。

 **智慧点拨**

消除“官本位”的影响，一方面需要正确的认识其来源方向，另一方面需要企业经营者采取有效的方式来改变这一阻碍企业发展的不良的氛围，以达到企业良好的经营状态。

突发事件的危机处理

突发事件是企业生存发展中不可避免的一种以不确定性、破坏性大、威胁较为严重、处理的紧迫性为基本特点的事件，也是威胁一个企业能否继续向前发展的一种不可控因素。

所谓的突发事件就是在事先没有征兆的情况下，突然发生，而且具有一定的破坏力和影响力的事件。

随着改革开放的不断深入，市场竞争的日益严峻，导致企业在产品的生产和管理上各种突发事件不断发生，这不仅严重阻碍了企业经济的发展，也导致一个企业在应对突发事件不合理的情况下，逐渐走向失败的深渊，这是一个非常严肃的问题，应该引起企业总裁的关注。

“泰诺”是强生公司生产的一种用于治疗头痛的止痛胶囊，是强生公

司的主打产品之一，其每年的年销售额高达4.5亿美元。

1982年9月，芝加哥地区有人因为服用“泰诺”而死于氰中毒，一时舆论哗然。强生公司的信条是：第一，在任何情况下都要对病人和家属负责。第二，对我们的母亲负责。信条不是粘在墙上的，而是体现在行动中。

所以，面对这一危机，强生前任总裁伯克召集企业高层举行紧急会议，果断地提出了四条解决办法：第一，召回现在市场上所有的“泰诺”。第二，召集所有的经理开会，让他们亲自到各药店和医院，告诉那些人“泰诺”不要再进行出售，需要全部召回。并收集了近期购买“泰诺”的消费者信息，让他们到医院做检查，公司承担所有的检查费用。第三，积极配合有关部门这一突发事件的调查。第四，把现在开发出的安全商品与原来的“泰诺”在包装上区分开。

正是由于强生在“泰诺”这件事情的危机处理上做得有条不紊，才赢得了公众和媒体的支持和理解。在短短的一年之内，“泰诺”又东山再起，再次赢得了公众的信任，并通过“泰诺”事件，树立了“强生”在社会大众心目中的品牌形象。

强生之所以能在突发事件之后依然保持强大的生产势头，与强生在突发事件上的处理和管理是分不开的。

伯克说：“危机发生后，无论谁是谁非，企业都应该承担责任，从而赢得观众的理解和信任。”“处理危机实际上是做两个选择，是选择眼前还是选择未来，是选择金钱还是选择形象。”伯克的这两句话，其实讲述的是企业在面临突发事件时，危机处理方式上的一种正确的理念和方针。因此，强生才能够在遭遇“泰诺”事件之后，依然能够在短时间内起死回生。

目前很多企业在面临突发事件上很难做到像强生一样，能够对突发事件进行正确的处理。大多数的企业在面临突发事件的时候，往往是手忙脚乱或是通过推卸责任来挽救自己的形象，突发事件发生后首先想到的不是消费者的利益而是自己的利益。

社会在发展中有很多不确定的因素，每个企业都应该完善应对突发事件的危机管理工作，以此保证企业的发展。富士康就曾被突发事件频发深深困扰。

富士康科技集团成立于1974年，是一家专业从事电脑、通信、汽车零件等高端零件产业的企业，现在是全球最大的电子产业专业制造商，在2013年公布的世界500强财富榜的排名中，富士康排名30。

但是就是这样一个世界500强的知名企业，却在2010—2012年间频繁发生跳楼事件，这不仅导致富士康大量员工的流失，也为富士康带来了很多负面的影响，加深了外界对富士康的考察。

在这些跳楼事件的影响下，富士康的新老员工纷纷提出了辞职的申请，导致富士康每年的人员流失量为数万人。同时还有报道称，富士康是一家血汗工厂，员工才在这种高压政策的强烈逼迫下，内心极度紧张，因此选择了通过跳楼寻求解脱。

面对人员的流失和外界的负面报道，富士康的负责人郭台铭出面进行回应，一方面安抚员工的情绪，另一方面向外界道歉，承诺自己会加强内部的管理变革，杜绝此次事件的再次发生。

每一件突发事件的背后都会反映出企业存在的问题，富士康的跳楼事件也说明了企业对内部员工的管理上存在着严重缺陷，企业将员工看作机器，只重效率，不顾思想，使员工的内心失去“弹性”，最终跳楼轻生。而且事故频发造成了连锁反应，导致大量员工辞职，企业形象受损，都给企业发展造成了深远的影响。

对一个企业而言，突发事件如果得不到有效处理，就会给企业带来危害，这种危害主要表现在以下几个方面。

1. 影响市场营销战略的整体运营

企业的市场营销体系是一个整体化的系统，从产品的生产到战略的制定，从战略的制定到销售点的选择，这一系列的运营都是经过严谨的整体化设计达到的，都是有章可循的。一旦突发事件发生，就会破坏市场营销战略的规律，使企业在市场上的活动陷入混乱。

2. 降低企业效率

突发事件一旦发生，社会舆论便会在瞬间将突发事件的危害性扩大并广泛传播，导致企业在市场上的声誉受到损害，消费者甚至会对企业生产的产品产生抵触情绪，从而降低产品在市场上的销售额，降低企业的效率。

3. 破坏企业形象

企业把形象视为生命，是企业确立在消费者心中地位和市场竞争力的重要组成部分，是一个企业最重要的无形资产。然而企业一旦遇到突发事件的威胁，企业辛苦创造的形象就有可能变成水中泡沫。

这些影响都会为企业带来生存的威胁，所以企业为了摆脱这种概率事件的突然发生对企业造成的影响，应当进行内部管理变革，成立突发事件处理小组，完善突发事件的应对机制，畅通沟通渠道，简化处理流程，使突发事件能够在第一时间妥善解决，以此降低突发事件对企业造成的负面影响，挽救企业的生命，甚至能将危机转换为生机，为企业创造出发展机遇。

智慧点拨

突发事件是威胁企业的一种急性病，它能在瞬间秒杀企业的大好前途。作为一个企业的管理者，完善企业的危机管理机构是最明智的决策。

第二部分

好钢用在刀刃上——变革成功的关键是什么

随着变革的思想不断地在企业中得到根深蒂固的传播，“变革”这一作为扭转企业乾坤的词语逐渐被提上企业发展的日程。

但是变革并不是一蹴而就的，它是企业因为内外部环境的影响，逐渐使企业出现的一种“疾病”，变革就是为企业动一次“手术”，一次为企业解除被病魔困扰的痛苦。

要想成功变革首先应该避开变革的误区，对变革要有一种正确的认识，否则就会在精力与时间都消失殆尽的时候才发现变革的失误，那真可谓一个惨痛的人生经历。

除此之外，还要抓住变革的时机。留心观察所有对企业变革的暗示，抓住机会，在时机上处于优势的地位。

与此同时，变革的阻力也是确实存在的，它会让企业觉得变革力不从心，从而放弃变革。因此只有勇敢地克服变革中的阻力，才能为企业扫除行进路途中的障碍。

最后企业需要做的就是改变企业“挨打”的局面，奋勇出击，主动变革。

第三章 走出变革误区

“只有变化才是不变的。”比尔·盖茨在《数字神经系统》中这样说。

随着信息的不断更新，企业外部环境及商业模式的不断改变，企业要想在社会大环境的变化中，抓住机会，在激烈的市场竞争中守住自己的一片天，就必须按照时代发展的要求不断地调整自己企业的管理模式和生产模式等，以便应对外界的环境变化。在这种环境的影响下，不管企业有没有遇到危机，都必须不断地对企业进行变革，这才是企业制胜的法宝。

但是，随着变革时代的兴起，各大企业纷纷对变革采取了不同的看法和步骤，在这种格局的推动下，有的企业因为变革走向了辉煌，有的企业却因为变革时代的兴起而走向了衰败。

那些企业变革失败的主要原因之一，是企业在变革的过程中，走入了变革的误区，最终导致变革的失败。

误区1：不愿变革

在当前经济模式的作用下，新时代的发展把企业推向了变革的浪尖，这个时候，对一家企业来说，要么根据时局的发展变革，寻求一线生的希望，要么故步自封，坐等死的到来。

就目前的经济形势来说，变革已经是商业群众一个关键的部分，每个企业都需要变革，而且最好是在不得不变之前。但是目前仍有一些企业，因循守旧，不愿意走变革的道路。

通过对那些不愿意变革企业的分析，大致总结出他们不愿意变革主要有以下几方面的原因。

1. 变革威胁到企业员工现有的利益和地位

利益的所有者一般都会担心环境变化会使自己的利益受损，所以对变革就会产生抵制情绪。比如在变革之后，有可能导致他们的权利变小，在企业中的地位降低，或是增加了自己的劳动强度，给工作带来压力。如果不解决这些问题，就无法在企业上下达成统一变革的意识，变革就无法进行。

其实，现在我们所看到的那些变革成功的企业的变革之路，并不是一帆风顺的。

当45岁的杰克·韦尔奇刚到通用的时候，他就已经发现了企业内部机构臃肿，部门庞大的现象，所以他开始进行裁员和部门调整的变革。

裁员就预示着将会有一大批的人将会失去工作机会，也会使一些部门的领导失去目前的地位，甚至会加大员工的劳动量，威胁到员工的利益。

而部门的调整，也将导致大量的人员冗余，最终仍然难免被裁员的命运。因此这种将会对员工造成利益威胁的变革，理所当然受到了企业上下很多人的反对，所以当韦尔奇提出变革的时候，许多企业员工都开始议论纷纷，表示对变革并不赞同。

对于任何企业，无论行业、规模、组织结构有何种不同，我们都要保证变革的过程中，不会影响到员工的利益，否则他们便会拧成一股绳，齐力抵制变革。失去了企业内部大多数人的支持，企业的变革措施的施行将会变得遥遥无期。

2. 变革的愿景没有达成共识

有些人不愿意变革，是因为他们没有认识到环境的变化对企业的影响，没有感受到企业的发展存在的问题，总觉得目前企业的发展还不错，没必要冒险进行变革，因而导致变革的愿景没有达成共识。而变革的领导者也没有积极地发动变革，变革的意识不强烈，从而导致变革的搁浅。

从前的家得宝公司就像是通用的设备业务部一样，这里大多数的人会把变革的方法当成是一种荒唐的事。

2000 年 12 月，鲍勃来到家得宝，那个时候，从公司的外表上看来，它的发展真可谓是非常完美，公司的每一位员工都为企业的效益感到高兴。家得宝企业的创始人从一无所有做到今天的业绩，并慷慨分给企业的员工一些股票期权，让企业的数千名员工成为了企业的股东。

在这种前途一片美好的形势下，公司的利润也在持续增长，这使得全体员工信心大增。

但是就在这一切似乎发展得正好的时候，却发生了两件被忽视却又十分严重的事。一是在现在公司业务正在急速扩张的同时，企业的内部并没有相应地进行调动；二是家得宝的竞争对手卢氏公司正紧跟着企业的发展势头，并且它的商店的服务和设计也更加符合现代人的需求。

鲍勃上任一个月后，就发现了这些问题，并把这些问题提出来，希望可以通过大家的努力，对企业进行变革。

但是，当鲍勃提出这个问题，表示希望通过变革解决的时候，公司的所有员工都提出了反对的意见，他们都认为企业不需要变革。

公司在这种执行力的影响下，单凭鲍勃一个人，是没有变革能力的，这样变革就只能被搁浅。

可是，就当时情况的影响，变革是必需的，鲍勃也清楚地知道，依靠自己现在带领的团队，是没有变革能力的。于是，很快他引进了“自己人”——那些变革的忠实跟随者，并提拔了几位他认为可以接受变革的老员工。随着这个新的变革团队的建立，为公司汇集了变革的能量，很快，在这批变革团队的努力下，企业内部的管理程序进行多方面的革新与优化，使业务呈现出了高速的增长态势。

变革不是企业中的某一个人或是某一部分人能完成的，而是需要企业全体人员自上而下的贯彻实施。要变革，就需要在企业上层有忠实的追随者，在企业的各个层次的员工中都有热情的赞同者，这样才能达成共同的变革愿景。在变革过程中，鲍勃认识到首先应该解决的问题就是排除掉一些不愿变革的人，因此他引进一些愿意变革、支持变革的人才，组建了新的团队，进行认识上的调整，最终达成了变革共识。

3. 人的惰性

每个人身上都有惰性，都有安于现状的思想，不愿意花费时间和精力适应和了解新的事物，任何让他们感觉不自然或是陌生的东西都会使他们的内心失去平衡，出现一种恐慌感。所以他们宁愿抱残守缺，也不愿意接受将会对自己的行为和习惯产生有利影响的变革。

但是，就目前企业的发展来说，不愿变革的思想已经遭到了世界的反对。摩托罗拉这一红极一时的手机大企业被收购的命运，就已经说明不愿变革的道路在市场的发展中已经行不通了。

摩托罗拉公司成立于1928年，是世界财富百强企业之一，也是全球芯片制造、电子通信设备的领导者。

从摩托罗拉生产第一款手机开始，就已经开创了手机市场的奇迹，迄今为止，摩托罗拉见证了整个手机市场的兴衰。也是它，将手机变成了日

常通信、数据管理等日常生活中必不可少的通信工具。

不仅如此，摩托罗拉还是智能手机的开创者。所谓成也萧何，败也萧何。当智能手机逐渐打开手机市场，成为新世纪的手机发展方向的时候，苹果、三星等开始致力于智能手机的研究，不断根据人们的需求对产品进行技术上的变革。但是摩托罗拉却没有认识到变革的必要性，不愿意对企业进行变革，技术仍然停留在原来的水平，因此导致摩托罗拉的手机因为功能和系统的落后，逐渐被市场淘汰。

在中国市场，小米、华为等后起之秀因为不断地变革而迅速成长，而摩托罗拉仍然坚持己见，不愿意变革，最终导致摩托罗拉在变革的时代，迅速地成为市场的一个反面教材。

2011 年 8 月 15 日，谷歌宣布以每股 40 美元，总价约 125 亿美元的现金收购摩托罗拉移动。

至此，这一曾经在中国手机市场展现辉煌的手机界巨头，终于在竞争中，落下了“中国手机市场半边天”的帷幕。

手机市场是一个需要不断创造、不断更新的市场，不愿变革就意味着慢性死亡。摩托罗拉这一大企业最终在时代的发展中，在由自己开创的安卓系统的智能手机中，因为没有做到与时俱进的变革，最终被后来居上者拍倒在沙滩上。企业的变革必须是一个长期的战略，当前暂时的领先不代表之后也能始终领先，变革的脚步出现懈怠，就会被竞争对手赶超，甚至倒在自己所开创的新平台或新市场中，迎来颇为讽刺的结局。

这样大企业的兴衰的辛酸史，不仅体现在手机行业，就连杀毒行业的领跑者瑞星也难逃变革时代的命运。

瑞星品牌诞生于 1991 年正在经济改革中起步的中关村，是中国最早的几个计算机反病毒的标志。自创办以来，瑞星一直致力于研究、开发、生产和销售计算机反病毒产品、网络安全和抵御“黑客”病毒的入侵为主，并且拥有全部的自主知识产权和专利技术等优势。

瑞星以出售软件、收取升级软件的费用为赢利模式使其利润连续9年蝉联杀毒市场第一，市场占有率超过60%。根据公开信息，2007年，瑞星的杀毒软件帮助瑞星集团成功赚取了8亿元，是历史的最高点。但是，随着360免费杀毒软件的迅速蹿红，瑞星逐渐失去了市场优势。2008年，受360杀毒软件的影响，瑞星的收入减半。2009年，瑞星出现了亏损。2010年，360杀毒软件的市场份额占到了70%，而瑞星的市场占有率竟然下降至不足20%。

在这种压力的影响下，瑞星也开始尝试变革，开始向360、金山学习，推出免费的杀毒软件。但是随着杀毒软件的免费，瑞星公司承受了一大笔的巨额亏损，因此瑞星放弃成为免费软件中的一员，不愿意继续进行变革。

在360免费杀毒软件的普及下，传统的销售杀毒软件和收费升级的模式，逐渐被互联网免费杀毒软件所取代。瑞星在这种变化中，依旧固守过去的发展模式，无法接受新思想、新理念，不愿意变革，因此只能被别的企业“革命”，最终损失惨重。

所以，当企业处在不断变化的环境中，作为一个企业的总裁，你需要带领企业所有的员工树立一个正确的思想，告诉你的员工，企业现在就等于是尿毒症晚期，要么通过换肾来保住企业的生命，要么就只有活活地等死。“换肾”就是变革，“等死”就是依然按照现在的模式经营，等待着企业被迫停止运营。

智慧点拨

总裁是一个企业的风向标，是一个团队的智慧和思想的附着体，所以一个卓越的总裁能清楚地认识到变革的重要意义，能够有勇气带领企业结束这种悲哀的等死命运，顺利地走出企业生存的误区。

误区2：不懂变革

如果说非要用一句话来形容目前一些总裁的状态，莫过于“病急乱投医”。

目前由于竞争的日益激烈，使得一些总裁时刻提心吊胆，如坐针毡，急切地希望能通过一种途径来解决企业目前的生存发展问题，让企业在市场竞争中时刻保持着前列的地位。

因此硬把自己从别的企业变革中学到的新思想、新方案灌输给自己的企业，导致企业的制度和管理方案不断地变化，员工和企业的其他管理层都处在一种比较被动而又混乱的状态。这种原因最终导致的不良后果就是总裁带领企业的所有员工在胡乱的变革中越走越远，越远越乱，无法挽救企业的生命。

这样的案例在企业变革的历史上屡见不鲜，但是不懂变革而变革，最终为企业带来的不是变革后的辉煌，而是变革后的萧条。

在20世纪90年代的中国饮料的市场上，“旭日升”成就了中国茶饮料的辉煌。

河北旭日升集团原本只是一家供销社，通过全体人员的不懈努力，供销社开始在中国茶饮料上做文章，率先推出了“冰茶”的概念。1993年，这个供销社改名为旭日升集团，并于1994年投入3000万元的资金用于冰茶的生产和上市，并很快获得了上百万的回报。

1995 年，旭日升的冰茶销量达到了 5000 万元，到 1996 年，仅用一年的时间，旭日升的市场销售量就已经翻了 10 倍，升至 5 个亿。

但是，旭日升的辉煌并未持续多久，2011 年，旭日升的市场份额逐渐从 70% 下降至 30%，市场销售也由 1998 年销售高峰时的 30 亿元降到不足 20 亿元。

很多人都会觉得疑惑，为什么一个正值销售巅峰的企业会在短时间内市场行情发生逆转，使原来的销售优势荡然无存?

导致这一悲剧的主要原因是，在旭日升迅速打开茶饮料的市场之后，统一、康师傅等也分别推出了“冰红茶”“冰绿茶”等一系列的茶饮料。在这种竞争对手纷纷崛起的情况下，旭日升开始进行大刀阔斧的变革。

首先，旭日升对企业高层进行大换血，想要改变原来的粗放、经验主义的管理，向量化、标准化的管理方式转变。

其次，进行企业员工的调动，把原来销售线上的 1000 多名员工安排到了生产部，试图改变使企业的平面管理方式向垂直方向转变。

最后，对集团的组织架构进行变革，把原来的架构重新划分为五大事业部，实现多元化的经营。

但是，正是由于这种盲目的变革，使得旭日升的悲剧发生了。当管理人员进行换血后，新老团队的隔阂日益加深；人员的调动也使得集团内部的个人利益重新洗牌，影响到了销售的稳定性和持续性。同时变革使得企业的价值链发生了变动，于是矛盾就不可避免地变得尖锐起来，导致企业出现了失控的局面。

在这种内部因为变革产生的企业动荡和外部竞争产品不断扩大的双重压力下，旭日升集团宣布破产。

国外的有关专家说：“企业领导在实施变革的时候，不要为企业中投

掷巨石。唯有如此，所要求的大规模变革才能开展，并且确保企业的健康机体受到的破坏最小。”但是旭日升的高层不懂变革，在变革的时候，疯狂地往企业中投掷巨石，最终阻塞了企业的发展道路，导致企业的失败。

在当今企业的变革历史上，在变革中往企业投掷巨石的不仅仅是旭日升，就连曾经在手机市场上蝉联了十几年霸主地位的诺基亚，也是因为在变革的时候，不懂变革，而导致企业的失败。

1967 年在芬兰，一个名为诺基亚的跨行业集团正式出现在芬兰人的生活中。

从此之后，诺基亚便开始了国际化的道路，通过不断地对产品的更新和先进技术的开发，使诺基亚手机逐渐成为一个全球的畅销品牌。

时间回溯到 20 世纪 90 年代，那个时候诺基亚前任总裁约玛·奥利拉上台，并成功地说服了股东，把诺基亚所有的传统产业统统卖掉，专供通信。就在这一年，诺基亚推出了年销售量 2000 万部的中国历史上第一个 GSM 电话——“2110”，就是这个前所未有的销售数字的诞生，使诺基亚这个品牌逐渐深入人心。

1998 年，诺基亚进行技术革新，发布诺基亚 6150，这是国内市场推出的首部支持中文短信输入功能的手机。这款手机的发布，开启了中国手机市场的又一个里程碑。

同年诺基亚推出了第一款金属质感手机 N8810，把手机带入另一个全新的境界和巅峰。也是在这一年，诺基亚又推出了第一部移动电话，从此，诺基亚超过摩托罗拉，成为全球最大的移动电话生产厂商。

从 1999—2002 年，是诺基亚手机的鼎盛时期，代表着一种手机的时尚，在那些年，诺基亚几乎占据整个手机销售市场 70%~80% 的份额。

这种辉煌一直到 2001 年出现了缺口，这一年苹果首次推出 iPhone，开启了手机市场的触屏时代。

iPhone 的出现完全颠覆了当时手机行业的主流操控体验，推出的以技术创新为基础的用户体验上升到前所未有的高度。

在触屏时代的影响下，2011 年年初，诺基亚也对企业进行新技术的变革，转向触屏智能手机生产平台。但是与苹果、谷歌努力打造的开放平台相反，诺基亚主要是向互联网方向对手机进行变革，但这种变革并未提高企业的竞争力。

在全球智能手机，除了苹果之外，都选择与安卓建立合作的时候，诺基亚却选择和英特尔合作，从零开始做 MeeGo，然后放弃，使以前的投资也打了水漂。2011 年年初，诺基亚结盟微软，全面转向 Windows Phone 平台，又是一次从零开始的尝试。

一次次的变革，一次次的失败，并不是诺基亚的实力不够，只是诺基亚不懂变革，没有充分利用自己的优势，寻找一个方向坚定地走下去。

所以，当三星、苹果、HTC 迅速占领中国市场后，在手机市场上霸占了头把交椅长达十年之久的诺基亚出现了 1996 年以来的首次亏损，从此一蹶不振，逐渐在不断发展的手机市场中落于下风。

2014 年年初，诺基亚的手机业务被微软收购，同年 4 月 25 日，诺基亚宣布完成于微软公司的手机业务交易，正式退出了手机市场。

在当今不断变化的市场发展中，变革已经潜移默化地感染着每一个企业，要想带领企业走向辉煌，立于不败之地，正确的变革意识必不可少。诺基亚在辉煌时期，没有一个明确的变革方向和坚定的变革道路，违逆发展潮流，放着现有的平台不用，而是盲目地尝试创造新平台意图“一统江湖”，一次次地从零开始，导致这个曾经的手机市场的巨头也在反复的折腾下，最终和手机市场挥手告别。

经过对近十年变革失败的案例研究，大多数都是因为企业总裁在变革的时候没有对当前的局势有一个系统的分析，没有很好地管理变革的

战略。

河南省的许继集团，从1998年年初签单，连续过了五个月之久，许继实施ERP的进展都如鱼得水，基本算是完成了产品的知识转移。另外，许继在培养自己的二次研发团队上也做了很多的工作，花费了大量的精力。按照当时的情况推算，再这样发展下去，许继有可能成为国内首家成功实施ERP企业的典范。

然而，现实永远在我们的计划基础上写下始料未及的一笔。1998年的8月，当一切都预示着发展良好的时候，许继内部为了更好地适应市场发展的变化，开始进行重大的机构变革。但是许继的高层在变革的时候更多地关注企业经营利润的最大化，而忽视了企业内部管理的变革。

就这样，企业的结构变了，但是当时企业所采用的ERP流程却已经定死了。流程与企业内部结构的矛盾，使企业不得不暂停运行良好的ERP。

变革不是盲目的，变革时要兼顾企业内外部的影响，只有考虑周全，才能保证企业内部管理变革的成功，否则就会像许继集团一样，白白浪费五个月的变革时间，结果却越变越糟。

这种现象不得不引起我们的深思，为什么中国的企业中，存在着“一万次的变革，九千次的失败”的局面?

造成这种现象的原因之一是因为企业的总裁在变革的时候目标模糊，规划得不够具体，没有对变革进行全面的思考，不懂变革因而导致变革的失败。

作为一个企业的总裁，要想摆脱不懂变革的误区，应该从以下几个方面出发，保证变革的成功。

1. 企业领导人应该抛弃自我优越感

通过和员工的沟通和了解，以及对市场的调研和分析，清楚地认识到企业的不足，把握市场的需求方向，然后有针对性地对企业进行改变。

2. 变革的规划

当企业意识到自己的不足，看清楚市场的定位后，应该对企业的变革有一个明确的规划，这样就会使变革具有目标性和方向性。

企业可以成立一个专门研究变革的小组，这个小组中的成员必须对每一个部门的生产流程有详细的了解，并有多年的工作经验。这样在变革的过程中就不会出现顾此失彼的现象。

3. 理智的变革

瞄准方向，制定规划之后，企业总裁切勿急于求成，因为想尽快看到变革的效果，逼迫企业的员工加快变革的步伐。

变革是企业内部的一种管理手段的变革，所有的变革都是从企业的内部的管理最先开始，然后通过由内而外的散发表现在人们的眼前。但是企业的内部管理和外部的环境是分不开的，所以企业在变革的时候，要兼顾各方面的情况，否则就无法保证变革的成功。

变革是市场给企业的一个机会，卓越的总裁总能很好地抓住这次机会，顺势而发，让企业更具有市场竞争价值。

所以企业在变革的时候不能被盲目性占据主导地位，要主动地认清方向、制定战略，让变革成为成就企业“千秋大业”的契机。

智慧点拨

变革时发生在知己知彼的前提下，能准确地了解自己的企业，并能进行精准的市场定位。胡乱、盲目的变革就是找死。

误区 3：不会变革

现在一提到"变革"，许多企业的领导人都会感觉头皮发麻，浑身冒冷汗。

导致这种现象的根本原因就是领导人不会变革，虽然看清了企业存在的问题，了解变革的方向，但在对变革的实施过程中表现得不够成熟，变革措施不完善，因此导致变革的失败。

1. 导致企业不会变革的原因

（1）没有变革的能力

没有变革的能力主要包括，在一个企业中领导发布变革消息的时候，得不到拥护，没有自己的忠实变革者，执行力受到阻碍；另外就是企业缺少变革的资源，比如变革需要投入的资金等。

（2）缺少变革的方向

在变革时代，许多企业都纷纷通过变革为自己寻找出路，并取得了很好的效果。这个时候一些企业开始受这种变革成功企业的影响，积极地对企业进行变革。但是，这样的企业在变革之前没有对企业的问题进行分析，没有找到企业正确变革的方向，因此变革没有针对性，最终也达不到理想的效果。

（3）缺少变革的人才

变革对企业来说是一次颠覆，对企业来说是一场生死攸关的大事，变革是许多人智慧凝结的成果，如果企业缺少变革的人才，就会导致企业的变革没有技术性，对问题分析得不够透彻。缺少变革型人才，就像一个工厂缺少技术工一样，没有变革的条件。

（4）缺少变革的经验

变革对于有些企业的领导人来说，似乎是一个新鲜的词语，他们不能真正地了解变革，所以在变革的时候会因为缺少经验而顾此失彼。

这些导致企业不会变革的原因，在许多变革失败的企业中都有体现。

纵观近几年由辉煌走向颓败的企业，不难发现其根本原因，就是在该对企业变革的时候，由于被企业发展的鼎盛冲昏了头脑，没有变革或是不会变革，导致了企业的失败。在这个变革的时代，就连曾经捧红了众多明星的百代唱片也是因为不会变革而使企业走向下坡路。

世界五大唱片公司之一的EMI唱片，又称百代唱片，成立于1897年，是全球历史最悠久的唱片公司之一。

著名的歌坛天王刘德华、天后王菲都曾是百代唱片的签约歌手。20世纪90年代末期，由于内地音乐的迅速崛起，将百代推向了行业的巅峰。

在当时，百代就是这些当红艺人的老板，但是在互联网数字音乐模式出现以后，百代的传统优势就已经被互联网席卷一空，人们接收音乐的方式也由最初的唱片转变成MP3、MP4、手机等高科技产品，唱片逐渐被消费者所冷落。

百代唱片虽然认识到这一危机，但是没能对问题进行全面分析，因此没有找出一套针对性的变革方案，所以百代在数字音乐的冲击下，未能突破传统的赢利模式，使百代唱片公司逐渐沦为艺人的“豪华大名片”。

百代作为全球五大唱片公司之一，最终遭到变革时代车轮的碾压，于近几年连年亏损。直到2011—2012年，逐渐被花旗和索尼收购。

作为红极一时的百代唱片，时下拥有众多的明星团队，只要在数字时代到来的时候，积极地变革，通过新技术对唱片进行改良，根据新趋势创造新的赢利模式，也许百代能够借助自己的社会地位和音乐名人的声誉，保住自己的地位，或是迈向另一个巅峰。但是由于百代唱片缺乏变革的经验，不会变革，因此导致这一全球大集团最终走上被收购的命运。

百代的经历让我们了解到，只有跟随着变革的步伐才能免遭社会的淘汰。

有些企业不会变革是因为缺少变革的能力，而有的企业不会变革是因为没有变革的方向。

五谷道场曾被业内喻为一匹黑马，用短短的 6 年时间便做到了全国第六的行业市值。

但是这样发展良好的企业却在 2006 年提出对企业进行大变革，2006 年，五谷道场几乎是同时在 30 多个城市设立办事处，半年内员工的数量一度增加到 2000 人。并计划在 2007 年在北京、上海、河南等地投资建立生产基地，完成 20 条生产线，完成每个月两亿元的收入。

这些变革的方向对于一个在市场上刚刚成立不久的企业来说，运营成本和管理压力都是空前的，而且企业对于生产基地的投资资金较大，资金回笼也需要几年的时间，这一变革需要有很强资金能力的大企业才能办到。最终五谷道场没能盘活资金，导致全面崩盘，企业变革宣告失败。

事实证明，五谷道场失败是因为企业变革方向的失误，在企业辉煌的时候，没有实行品牌完善和强化的战略，而是对企业进行大肆扩张，想要"一口吃成个胖子"。最后由于企业根基不牢，经验不足，造成资金链断裂，企业不堪资金的重压，最终走上破产的道路。

由此可见，如果企业只是把变革当成一种游戏，当成追求管理的时尚，为了变革而变革，不去培养企业变革的能力、人才，不靠拢企业战略方向，那么这样的变革将会为企业酿成一场巨大的灾难。

2. 企业在变革时应遵循的原则

（1）在每一次发动变革的时候，为变革确立一个清晰的目标

这个目标的确立必须建立在对公司现存的问题进行分析的基础上，否则变革永远不会为企业带来有意义的结果，只会让企业的员工在变革中感到忙乱和无序。

事实上，变革应当是一个有序的过程。首先，发现企业存在的问题，然后对问题进行分析，最后根据问题分析的结果制定一个有针对性的变革方向。

（2）招募和提拔忠诚的追随者，以及能适应变革的人

要想提高变革的执行力，就应该发动全体员工进行变革，如果变革的政策受到企业大多数人的反对，那么变革则会变成一纸空文，所以，总裁在对企业进行变革的时候，要在企业中组建一个变革团队，这样才能达成统一的变革意识，有利于变革的执行。

（3）清理并排除反对者

推动变革是实施变革中一个最重要的环节，那些反对变革的人就是变革的阻碍，所以在对企业进行变革的时候，要学会“请”走这些人。

（4）利用意外的机会

在变革的过程中，大多数的公司都会利用摆在眼前的机会，当一种新技术出现的时候，他们就会进行投资，扩大生产规模。但是要想成为一个优秀的变革团队，还要善于寻找一些更惊人、可遇而不可求的机会。

在变革时代，不要让企业成为变革时代的炮灰，在变革的时候坚持以上四个准则，做一个有能力、有方向的优秀变革领导者。

智慧点拨

变革是企业中的总裁们必须要面对的一个问题，企业确实需要变革。这就要求企业的总裁要有避开变革误区的意识，带领企业逃离一变就死的厄运。

第四章　抓住变革时机

创新，是推动社会发展的最具有指导力量的企业发展措施。目前，我国经济正处在大变革、大调整的时期，这就表明一个大的变革时期将要展现在我们的面前。

但是，面对这个社会发展带来的稍纵即逝的变革时机，企业能不能“春江水暖鸭先知”，能不能敏锐地发现这次变革的机遇，并迅速抓住这一变革的大好时机，是许多将要变革的企业必须要面对的课题。

对一个企业而言，如果该企业善于发现机遇，并对其进行敏锐地判断，抓住机会进行变革，那么将会取得事半功倍的效果。

所以，能不能抓住机遇，认清机遇，用好机遇，是衡量一个企业能不能赢得优势、赢得挑战、赢得未来的关键。所以，让我们拿出百倍的精力，积极地发现时代带给企业的变革时机，不辱使命，帮助企业确立更高的经济地位。

内外环境有重大变化时

对一个企业来说，变革要讲究时机，而在很多的变革时机中，最需要变革的就是当周围的环境有重大变化的时候。而在许多企业中，环境的变化可以分为内部和外部环境变化两个方面来进行分析。

内部环境的变化是指企业组织结构的改变、战略设计的变化、突发事件的发生、管理层之间的竞争、流程的变化等内部的一系列变动。这一系

列的内部环境的改变都会导致企业的发展较之前出现落后与偏差，甚至对企业的生存与发展也会产生一系列消极影响，这个时候，变革是消除这一系列消极影响的最好方法。

实际上，很多著名的企业都是内部开始出现各种问题，然后这些问题逐渐浮于表面，最后导致整个公司都出现了很大的问题。所以说，企业要想获得长远的优势发展没有一个好的内部环境支撑是不行的。

2011 年 11 月 8 日，日本著名生命科学和相机制造商奥林巴斯爆出重大丑闻。该公司前董事长菊川刚、前执行副总裁森久志和审计长山田秀雄曾通过向咨询机构支付天价费用等方式，来掩盖 20 世纪 80 年代以来公司投资证券所造成的亏损，总额高达 1000 亿日元。这是日本企业所遇到的最大的财务丑闻。据调查，其原因就是自 20 世纪 80 年代以来，奥林巴斯一直墨守成规，没有一个清晰的管理机制，导致公司最终走向了深渊。

这是很典型的由于内部环境有重大变化，而企业却没有及时地做出反应，积极地变革，从而导致的悲剧。若是当时奥林巴斯的管理层对内部的这个变化有所察觉，并作出相应的制度改革，加强对企业资金的监管、核查，认真地审阅资金流向，那么奥林巴斯公司就不会在近 30 年的时间内对如此恶劣的行为都浑然不觉，给企业造成如此重大的损失。

事实上，内部环境的变化并不意味着企业将走向灭亡，相反，内部环境的变化有时也能为一个企业提供可遇而不可求的变革时机。万维公司就是抓住内部环境的变化，积极地对企业进行变革，才使得万维有今天这样的成就。

万维公司成立于 1998 年，是一家主要从事网络技术培训、互联网教育网站、网络技术咨询和工程监理等项目的公司。

创业之初，员工只有7个人，为了便于统一的管理，公司采取的是简单的资质结构，所有的人员由总经理统一指挥。随着业务的不断扩大，员工数量的不断增多，企业开始划分不同的部门，但是所有的部门依然由总经理一人管理。

不过随着公司的不断发展壮大，各部门之间各自为政、缺少沟通、协作困难而且还存在着争夺资源的现象，导致部门之间的矛盾激化。

同时，三个事业部都没有合适的领军人物，企划部和市场公关部的经理职位也是虚位以待，企业上下都没有形成一个强有力的核心领导力。

针对以上这些内部环境的变化，一些企业的高层开始建议他们的总经理放弃传统的事业部管理权，集中精力做好企业的内部管理工作。

公司的总经理也认识到了事业部制的不足，明确企业需要建立一个基于职能资源平台、以项目管理为核心并能观测内部市场机制的组织结构。

公司对组织结构进行变革后，使得万维公司非常有限的技术人才资源得以在项目之间动态配置，而且这种区域民主性的管理方式破除了传统的事业部制的层级观念，有利于万维公司技术人才、项目管理人才和产品经营人才的管理和成长，为企业提供充足的人力资源。

所以，作为总裁，保持一种高度的警觉性，敏感地发现内部的一些小小的变化，从而利用变革来让自己的企业走到正轨上来。

除了内部环境以外，外部市场的变化对一个企业来说影响也是很深远的。外部环境的变化包括市场竞争方向的改变、国家产业结构的调整、技术的更新等。这些变化虽说是发生在企业的外部，看起来似乎和企业没有什么大的关系。但是，现在是一个经济贸易开放的社会，关起门来搞搞建设这种老掉牙的生产模式早已被淘汰。

在这个创新与机遇并存的市场竞争中，只有适应环境的变化的企业才能在市场上保持“万人皆醉我独醒”“明天更加美好”的心情。

兵家常说："敌不动，我不动；敌动，我必动。"这种"以变治变"竞争策略在现在的商业竞争中，已经成为企业生存的法则。企业的生存发展离不开市场的支持，在外界环境的变化下，仍然抱着传统不愿改变，并声称"传统的就是最好的"，必然会被新兴的市场淘汰。

这种思维纯粹是企业总裁因循守旧，害怕变革，而又害怕别的企业变革会超越自己，因此发出这种类似于木乃伊时代的声音。

这样的错误导致企业因不能适应市场环境的变化，最终走向身败名裂的地步。

事实上，除了企业内部环境的变化提供的机遇外，外部环境的变化也是企业变革的信号之一。

在时代号召大家进行节能减排运动时，美的为响应这一号召，迅速对旗下生产的所有空调都进行了变革，开始将空调的生产技术转变为变频空调的生产技术。这样不仅响应了政府的号召，节约了能源，而且也通过变频这一低耗能特点，为消费者节约了能源损耗的成本，使企业的产品受到了市场的欢迎，迎来了企业的销售巅峰。

当国家推出扶贫计划的时候，美的又掀起了新一轮的变革热潮。企业力争与政府合作，把自己的产品也贴上了扶贫的标签，打开了农村的空调市场。

总结美的的成功，关键在于它敏锐地把握了新兴的节能减排运动为企业提供的机遇，并迅速地进行主流生产技术的变革，顺应了市场需求的趋势。后来，又抓住与政府合作的机会，展开销售变革，成功扩大了企业的市场规模，达到企业与市场的共生和平衡。

目前很少有企业的总裁有那种抓住机遇的思想，他们估计到的往往只是环境变化会对企业的影响，而忽略了最本质的解决方法。另外，很少企业的总裁恐惧自己辛辛苦苦经营壮大的企业改变模样，他们宁愿被动地接受挑战，也不肯做第一个“吃螃蟹”的人。

其实，在商界，“吃螃蟹”已经成为一个企业生生不息的主要手段。世界上最令人激动的事情不是你获得了多少的意外之财，是你从旧的事物中开创了新的事物，并以此提高了企业的效益。有句话说得好：“唯一不变的就是改变”，在现在这个时代中，任何事物都在发生改变，只有顺应时代的潮流，才能紧跟时代的步伐。而在变革当中，最重要的是要创新，通过不断地摸索找出一个属于自己的发展道路，这才是上上策。

比如某企业受到技术水平进步的影响，启动了新的生产线，开发出了新的产品。或者经济贸易的国际化时，企业变革营销管理，走上国际的道路。这不但是令人愉悦的，而且是帮助企业成长的最有效的手段。所以，作为一个企业的领导者，必须通过变革让自己的企业迸发出新的活力，让企业有新的东西在支撑着，这样才会有前进的动力。

根据多家企业的成功变革来看，一般在环境的影响下企业变革应该根据以下的几个原则：

首先，分析环境变化的起因。只有对环境变化的原因分析得透彻，企业才能从中提取出变革的意义。

其次，分析环境变化的方向。环境变化的方向就是企业需要变革的方向，只有二者方向一致才能避免变革走向误区。变革方案的设计是企业变革的主题，方案能让企业的变革清晰，能避免一些细节的错误。

最后，根据这些环境变化的分析调整企业内部的组织架构。企业只有根据外部环境的变化分析出当前市场的需求，然后根据这一需求进行组织构架的变革，这样才能帮助企业成功地抵御外界的变化，成功地实现变革。

 **智慧点拨**

企业总裁作为一个企业的领导核心，应该培养比其他人更敏感的感受环境变化的压力，及时抓住环境创造的机遇。

企业处于发展转折期时

综观一些成功企业，几乎都是在市场发生动荡的时候发生了变革，因此，在企业处于发展转折期的时候，是一次给企业变革很好的契机。若是因为保守而不愿意变革，就很容易造成严重的后果。

上个月，也许你还在企业中做那些在你看来自然而然的事，享受着企业的高额利润给你带来的满足，在装修豪华的会议间和企业的其他管理层分享企业的发展带来的喜悦；然后，这个月，由于经济危机和技术革命的席卷，你就如坐针毡，寝食难安，为转折期对企业带来的影响深表担忧。突然间，感觉一切似乎都不像原先发展得那么完美了，因为一切确实不一样了，市场的变化带领企业进入了一个转折期。

这个时候，面对整个市场迫在眉睫的转折期，应该做的只有顺应时代的发展，对企业做出变革，才能够顺应潮流，使企业能够长久地存活下去。

20世纪60年代，美国的剃须刀市场是吉列公司一家独大的局面。在剃须刀片市场中，市场占有率高达70%，而双刃刀片的市场占有率甚至高达90%。吉列公司的“超级蓝”刀片是当时最好的刀片，也是吉列公司的心脏。但是，不久后，英国的威尔逊公司、美国的Littile Eversharp公司和American Safety Razor公司推出了新产品——不锈钢刀片。由于这种刀片非常耐用，很快便占领了一部分市场。吉列公司看到了市场形势的变化，但是，由于他们担心若是自己也生产这种刀片必将会和自己的“超级蓝”刀片发生竞争，因此，吉列公司并没有改变自己以适应新的市场形势。

吉列公司墨守成规的态度给自己带来了严重的后果，不锈钢刀片占领市场的速度非常快。吉列公司见势不妙才推出了自己品牌的不锈钢刀片，这个时候不锈钢刀片已经发售了近六个月，吉列公司已经失去了先机，市场份额很快从70%下降到了55%。

市场瞬息万变，企业时刻都要面临产品转型或者业务转型的抉择，而且面对抉择必须当机立断，一丝一毫的犹豫都会错失良机。吉列公司就是因为应变速度过慢，纵容竞争对手不断侵占市场，才导致了公司产品的市场份额急剧下滑。

除了需要适应外部市场压力，在企业发展转折的特殊时期，员工的情绪也较容易出现波动，同时由于管理层事务的繁多，也会导致内部管理的松散。所以在这一时期，企业应该抓住市场转折的方向，拓展自己的产品模式，或是进行人事的变动，以此来激发员工的紧迫感，使他们在转折期内激情满满地为企业创造效益。

综观国内外的知名企业，凡是能在企业处于转折期仍然能够调整自己的战略，激昂团队的士气，变革手段和方向有针对性的企业，往往能在转折期中为企业创造一次飞跃的机会。

王传福带领下的比亚迪就是一个关于转折中求生案例中的一个经典。

比亚迪最初是靠做电池起家的，但当许多汽车制造业都有了自己独有的电池研发技能或是普遍采用国外电池的时候，比亚迪在人们还未意识到的情况下，就采取了一次重大的变革，拓宽自己的产品生产方向，开始制造汽车，而且制造的是新能源汽车。

比亚迪的这一举动受到很多人的质疑，好多人都认为王传福做事不经

过大脑，原本做得好好的电池生意，为什么做汽车?

但是，王传福坚持自己的信念，带领团队开始研发新的项目，拓展了企业的产品，调整了企业的组织构架，进行对汽车制造人才的引进和培养，开始进军汽车行业。

比亚迪就是在这次的变革中向世界展示了“中国制造”的优势，带动了新能源的发展，开辟了新能源汽车发展的先河。

俗话说，隔行如隔山，比亚迪从生产电池转型为生产汽车，似乎有些不自量力，实质上却是建立在对市场敏锐把握基础上的成功转型。由于汽车行业自发研制电池及国外电池的冲击，比亚迪原有的市场受到很大的冲击，长此以往可能会失去所有的客户，或是在价格上处处受制于人导致利润稀薄。王传福发挥了破釜沉舟的气势，坚定不移地变革，将企业带到了一个更高的起点。

事实上，转折期就像是分给每一个企业一篮子鸡蛋，企业需要做的就是在转折期这个动荡的时局下保护好这些鸡蛋，不至于丢失。

但是动荡的局势使企业应接不暇，所以出现了“蛋打”的局面。有些企业开始改变策略，把每一个鸡蛋都打碎放在自己的篮子里，通过鸡蛋之间的黏性来缓解动荡的影响，最终在动荡中获得了更多生存的能量。

2009 年，是海尔企业的转折和调整的时期。张瑞敏也坦言称：“当前的海尔正处在‘高原反应期’”。

在 2009 年，由于竞争对手和内部机制的压力，海尔企业的利润率不断下滑，而且全球化的开发和市场投入量很大，难以保证资金的快速回笼，直接影响到企业的经营利润。

张瑞敏说，现在的海尔就好像是在高原上，利润少就相当于氧气的稀薄，长此以往，海尔有可能会因为窒息而导致死亡。所以，当务之急就是为海尔找一个氧气袋，也就是研究如何能在竞争激烈的家电市场上获得更多的利润，保证海尔的经营需求，否则海尔很难再向上攀登。

在这个转折时期，张瑞敏提出“1 + 1 = N”的组织再造理论模式。按照这一模式，张瑞敏要求各个本部以上的部门都必须以“一名外部专家 + 一个本部部长 + 一个团队”的模式进行人员的配置。

这次变革首先从集团层面展开，海尔集团高新聘请了两位国际公司的成员担任海尔集团的首席执行官助理等职，为海尔的国际化蜕变担任军师，同时聘请国外咨询公司的人员进驻海尔。

这一变革的策略其实就是要求海尔放弃原本那种小团体主义，积极地寻找各个领域的专家，整合社会上一切可用的资源，形成一个社会性的团体，进行大规模的商业化协作，共同努力，为海尔的国际化道路出谋划策。

关于海尔的这次在转折时期的变革，海尔集团的副总裁喻子达表示：“海尔这次的组织创新，是与世界最先进的组织模式保持一致的，它将会支撑企业发展的未来。”后来的事实也证明，海尔集团的这次变革，果真帮助海尔走上了国际化的道路。

事实上，转折具有双向性，它既是一种挑战，也是一种机遇。但是怎样才能抓住这次机遇，在转折中获得更大的发展？一般来说，要从以下几点入手。

1. 在转折期的时候要认清市场的转折方向

转折实际上就是打破旧事物，创建新事物的一种过程。但是这种新事物的创建并不是盲目的，要想不让企业在这个转折的浪潮中失足，那么总裁就需要为企业找准新的方向，以便采取有目的性的变革。

2. 根据市场方向的分析对企业的内部生产流程和组织结构进行重组

转折并不是凭空发生的，是时代发展到一定阶段演变而来的，是对旧事物的一种抗议。因此企业就需要顺应时代的发展，打破原有的组织结构，经过市场分析和企业定位，对组织结构进行重新排列。

3. 巩固企业在市场中的地位

转折期之后，必定有一大批新兴企业得到发展，这个时候作为一家占据市场的大型企业来说，品牌的威望和企业的知名度已经建立。为了防止其他新兴品牌抢占自己的市场地位，应该采取一系列的措施，让那些后起之秀的企业看到自己的实力。

智慧点拨

总裁要善于抓住转折期提供的机会，对企业内部进行管理上的变革和调整，实现企业更强更快的发展。

企业拆分或结构重组时

很多企业的总裁对企业的“拆分”和“重组”这两个词汇并不陌生。随着市场经济的不断发展和不断细分，企业面临拆分和重组的可能性也随之加大。这已经成为拯救一个企业的方式。

企业的拆分的原因，是企业的业务范围和企业策略之间出现了矛盾或是阻碍，两者不能和平共生地发展。

对一个大型的企业来说，企业经营的业务种类增加时，就会对内部资源的分配造成影响。因为每项业务都会给企业带来增长，但是每项业务的开展所需要的技术水平和资源是不同的，一个业务的开展必定会影响到其他业务的顺利进行，同时也会影响到企业的其他业绩上升。

为了避免这种相互影响的事情发生，企业负责人开始对原来较集中的部门进行拆分，让每个业务都独立的发展，这样就会形成每个部门的自己的发展方案和独有的资源，不会造成部门之间的互相干扰和资源的相互利用。

企业重组是因为企业业务量减少或是裁员带来的影响，会出现大量的闲置劳动力或是无用的资源，为了避免这种资源的浪费，把业务相近或者是相辅相成的业务部门之间进行重组与融合。使它们的生存与发展按照同一种企业模式进行，这样不仅为企业节约了资源，还能促进人员之间的相互交流，以及对业务上有更专业的分析，保证业务的完成水平。

联想自成立以来，柳传志为其动了三次大手术。1993 年，国外的电脑随着改革开放的政策推行，迅速地占领中国的市场，“外敌”的入侵迫使国内的电脑面临着生存危机。这个时候柳传志及时搭上杨元庆的肩膀，俩人一起共建电脑事业，保住了联想的地位。

1997 年，香港联想的经营不景气，让整个集团都陷入一片恐慌之中，柳传志又把香港联想“拉”到自己的身边，最终起死回生。

1999 年，联想这个国内电脑行业的老大柳传志深感大家庭的麻烦，于是开始“分家”，把神舟从联想的户口本上除名，重新为神舟开疆扩土。

和柳传志一起为联想撑腰的还有两位领军人物，杨元庆和郭为，随着两位领军人物的逐渐成熟，柳传志开始大刀阔斧地把联想分割成两个子公司，给他们每一个人分配一个军队和充足的粮草，让他们自己打天下。

这样就避免了业务的壮大导致的管理不到位，制度不合理等一系列隐藏的“病毒”，有利于企业长远的发展。

通过联想拆分和重组的案例不难看出，无论是企业的拆分还是重组都是受企业的现有规模、经营状况、业务内容的影响，企业的拆分和重组就是一场手术，要根据企业的状况和外界条件的影响决定“手术”的类型。

联想通过对企业的拆分和重组帮助企业一次次的摆脱困境，成为今天的电脑制造大企业。无独有偶，辉瑞公司也是通过让企业“瘦身”的“微整形手术”，成功的保住了企业制药业第一的宝座。

2011 年，全球最大的制药企业辉瑞公司表示，为了给广大的辉瑞公司的股东创造更多的价值，将剥离由惠氏婴幼儿奶粉在内的营养品业务和动物保健业务。据有关消息称，辉瑞拆分的这两项业务 2010 年分别向辉瑞贡献了 19 亿美元和 36 亿美元营业额。

但是对辉瑞而言，过于依赖重组为企业带来的利益，无疑使辉瑞公司难以获得更长远的发展，也无法保持自己稳坐全球最大制药企业的宝座，为了方便自己可以轻装上阵，辉瑞开始对自己的企业进行瘦身，通过企业的拆分帮助辉瑞成功减负。

随着辉瑞拆分惠氏和动物保健业务，辉瑞的生产基地也由之前的 6 个减少到现在的 3 个。随着这次拆分政策的进行，辉瑞认识到这次的拆分为企业提供了变革的契机。所以在进行企业的拆分之后，辉瑞开始对公司的销售渠道和组织构架进行变革，并高薪聘请制药方面的专家，致力于药物的生产和研发。

这次拆分后的变革，使辉瑞的制药技术得到了前所未有的突破，创造了良好的口碑，同时巩固了辉瑞在世界范围内制药业中的地位。辉瑞的大胆瘦身，也是因为它看到了这次瘦身背后的变革机遇，让企业可以轻装上任，专注于核心业务，以取得更好的成效。

目前好多企业都开始通过走企业拆分和重组的道路，帮助企业变大变强。

自2000年以来，石家庄国际大厦股份有限公司主营的酒店、商贸行业由于市场的过度竞争和市场需求的饱和，使得该公司的营业利润持续下滑。

据介绍，石家庄国际大厦股份有限公司下属的三家酒店，除了国际大厦酒店分公司保持微薄的赢利外，控股公司物华大厦自1998年起就开始亏损，参股公司世贸广场开业第一年就出现了巨额亏损，并且在最近的几年里，甚至在未来的几年里，三家下属酒店都无法摆脱这种企业大幅度亏损的局面。

在这种公司的经营和财务状况出现大的漏洞之后，既阻碍了公司的持续发展，又在一定程度上影响了公司股东权益的顺利实现。继而公司第一、第二大股东严重不合的现象出现，导致公司的继续运营出现了瘫痪。

为了扭转这一不利的形势，公司在有关政府部门的引导下，进行了股权和资产的重组。通过对公司的股权转让和重大资产重组的手段使得国际大厦股份有限公司被河北省建设投资公司并购。

在完成并购之后，国际大厦公司开始扩大自己的业务范围，增加新的业务，同时结合大股东公司的发展对企业的战略进行变革，协调各股东之间的利益。这样的变革举措减少了各大股东之间的矛盾，同时通过业务的多样化，帮助企业在市场竞争中取得了优势。

企业在拆分和重组的过程中，虽说只是人员的变动，但是企业应该根据这次变动提供的机会进行变革，这就使变革成为一种顺理成章的事。另外，无论是拆分或是重组，都会给企业的员工带来一种暗流，如果企业在这个时候采取管理战略和制度的变革确实是一个不错的时机。

企业在拆分和重组时的变革方向，大致可以有以下几点。

1. 管理制度的变革

员工在经受这一变化时，原先已经建立起的关系群都已经被打乱，企业原有的管理制度也因为组织之间的变动变得不那么严密。变革会使企业的决策变得更容易实施，也会有明确的方向。

2. 业务类型的变革

业务部门的变动有利于企业业务的扩大，同时业务的变革也会为企业吸引更多的融资和客户。

3. 人事调动的变革

企业的拆分和重组必定会导致一些职位的空置和重合，所以，总裁就必须进行企业内部的人员管理上的变革，进行职位的再分配和调动。以此，解决企业拆重组过程中导致的职位分配不当的状况，同时也激发了员工的积极性。

总之，在企业拆分或是重组时变革，会产生“1 + 1 = 3”的企业发展机制，可以为企业带来更大的市场竞争力。

 **智慧点拨**

变革也需要时机，变在当变之时，变在当变之内，是一个企业变革成功的法则。

企业领导人变动频繁时

作为企业的总裁，你已经成为一个企业最出色的人，现在，你需要做的就是留住你企业的人才，和他们一起努力，提高企业的实力，成为一个出色的领导者。

但是，有些企业在某一个时期却出现了企业领导人变动频繁的现象，这对一个企业来说，是一种“疾病”，得治。

面对市场上变革人才的缺乏，许多企业总裁为了让企业能够稳定地向前发展，一些不景气的企业开始频繁地更换领导人。不得不承认，这确实不失为一个企业寻求新出路的办法。然而，一个企业频繁地更换领导人也会为企业带来很多的不良影响。

国内外的许多案例表明，企业频繁地更换领导人并不一定都能为企业带来好的成效，而且还会导致社会对企业的看法和猜疑，也会让员工觉得没有安全感。

频繁地更换领导人对企业内部的经营管理不利，每个领导人都有自己的一套经营理念，有一套对企业的经营方法和步骤。而员工的思想会受到领导人思想的影响，所以企业频繁地更换领导人会让企业的员工变得思想凌乱，对企业的发展造成阻碍。

作为一个企业的总裁，面对企业的这种现象，你是否想到了变革？

但是怎样才能保证变革的成功呢？变革不能盲目，只有发现问题，才能解决问题。所以要想有针对性地变革，就要弄清楚出现这种现象的原因。

1. 企业领导人变动频繁的原因

（1）工资较低

和同行业的其他企业相比较而言，工资普遍较低，这样会使企业的员工有一种落差感。每个人都有一种攀比的心理，面对这种同一行业不同待遇的现象，肯定是会出现领导人员的变动。

（2）福利待遇差

福利就是面子，有的企业对领导层的人员会提供优厚的福利待遇，这样每当过节过年的时候，和朋友聚在一起都会感觉很有面子。

（3）没有在企业中找到自己的价值

对于一个企业的领导人来说，物质满足的基础上，还应该满足他们的精神需求。如果自己的工作得不到高层的认可，他肯定会质疑自己是否适合这份工作，觉得自己在这个企业失去了价值。

（4）企业高层不注重人才的培养

人才的培养，是衡量一个企业是否能长期发展的根本。如果对于一个企业的领导人来说，一年到头都见不到你的面，只能通过电话或是邮件才能跟你交流，那么他就会怀疑企业的能力。

这些都是导致企业领导人频繁更换的原因，这些处理得不好，会为一个企业带来灭顶之灾。

据赢商新闻网报道，原定于2013年12月28日的济南世茂购物中心以及影院的开业计划迫不得已被延迟。据接近济南世茂方面的相关人士透露，12月初，济南世茂先后有包括项目经理、策划专员、品牌经理在内的多名工作人员离职。

但是，到目前为止，这些人员的离职原因暂时还不清楚，不过可以肯定的是，人事的频繁变动必然会影响到项目的销售业绩和品牌的影响力，对济南世茂购物中心的日后经营问题会带来很大的影响。

无独有偶，2011年3月，正处于筹备之中的北京世贸百货也出现了包括项目总经理在内的多名中高层的离职。

在世贸国际广场对外的销售业态中我们可以看到，街区式商业采用的是零散式的销售。

据相关人士介绍，商业街不同于社区底商，投资风险较大。如果采用零散式的销售而没有统一化的管理，那么很可能就会导致企业的经营受到阻碍，带来大量商铺的空置。

据内部人员透露，管理层的频繁变动的根本原因，也是因为对这种零散式的销售模式表示不赞同，因此纷纷离职。

作为一个企业的掌舵者，当看到这种企业领导层变动过于频繁的时候，应该从企业内部发现问题。针对济南世茂购物中心离职事件的发生，企业完全可以抓住这次人事变动带来的危机，发掘其为企业带来的机遇，对企业的销售业态进行变革，采取统一管理的销售模式，保障企业的利益。

从事商业地产研究的业内人士认为："济南世茂要想在这个大环境的冲击下转危为安，必须抓住变革的时机，对企业进行统一的招商、宣传、运营和管理。"毕竟领导层的变动只是对企业的一个预警，而真正解决问题的办法还是只有变革，否则企业就只有在这种企业领导层频繁变动的危机中逐步走向灭亡。

目前，随着市场人才的缺乏，企业管理层的人员变动已经屡见不鲜，但是每一个人事变动的背后都隐藏着企业生产和经营上的不足，只有认识到这一点，才能在认识变动中察觉到企业的变革时机，帮助企业在变动中寻求更光明的前景。

2010 年 6 月 25 日晚，东风汽车集团股份有限公司发布公告称，刘章民已经辞去公司总裁职务，并由朱福寿担任。

其实，东风大规模的人事调动最早始于 2009 年 3 月份的东风党代会，从那时候开始，直到 2010 年的 6 月份，东风汽车出现了 10 年以来最大的一次人事大地震，至今已经持续了一年多的时间。

在此期间，东风汽车公司两度发布公告，包括东风商用车、东风零

件、装备公司以及党委办公室、东风本田、东风股份的领导班子在内的多个业务部门和生产车间都出现了大规模的人事变动，所涉高管达29人。

在这次人事大地震的背后，人们看到了东风发动了一起决策体系的变革和公司治理结构的变革。

在这一次人事变动提供的变革契机中，东风汽车公司主要改变了董事会与经理层机构之间的“叠床架屋”，避免了集国有资产于一身的决策风险，并对企业的治理结构实现分权与制衡。

中国证券分析师曹鹤表示，东风的人事频繁变动，为企业提供了决策管理变革的契机，使得东风可以借此机会优化企业的组织结构，减少决策风险。

我们都愿意相信，一个好的企业是不存在频繁的人事变动这种现象的，可是，也要认识到这能帮助企业发现存在的问题，创造出变革的时机。如果你的企业很不幸地出现这种局面，你只有通过变革来力挽狂澜。

2. 企业领导人频繁变动的情况下变革的方法

（1）变革员工的管理制度

在选拔企业领导人的时候要经过严格的筛选和考评，确定他就是你想要的人才。

（2）对企业的福利进行变革

事实上，没有一个人不对金钱和物质感兴趣，这样的变革有利于企业留着更多的员工，也能培养员工工作的积极性和热情。

（3）变革企业的职能

为企业的领导人提供充足的权利，这样不仅满足他的价值观，还能提高管理的效率，谁都不喜欢做一个没有实权的“皇帝”。

再重复一下，企业领导人的变动频繁下蕴藏着90%的变革成功的机会，如果能抓住这次机会，你就有足够的条件带领企业走向成功的巅峰。

注意，在一个企业的经营中，80% 的工作都是由企业的领导人处理，这些人才的变动理所当然会对企业的发展造成影响。能否解决这个难题，是企业能力的体现，一个优秀的企业能从这种不利因素中提取出变革的机遇，通过变革消灭暗藏的危机萌芽，从而稳定“军心”，让企业脱离困境。

智慧点拨

不知如何管理人才，就不知道如何才能留住人才。企业留不住人才，要从自己身上找原因，找出原因，才能知道该怎样改变。总裁要有洞悉变革机会的能力，抓住机会，做出正确的反应。

第五章　克服变革阻力

我们目睹了许多变革失败的企业，这些悲惨的经验教训可以让更多的变革组织者明白：变革需要的不是更多的优秀的变革创意和变革策略，而是需要高效的执行力。高效的执行力能让变革变得更有价值。

有很多的企业负责人会说："不是我们不愿意变革，只是没办法实现变革。"

对于任何一个变革的企业来说，都会遇到各种各样的变革阻力，没有任何一个企业在变革的时候是一帆风顺的，一个企业总裁应该做的就是带领自己企业的员工积极地克服变革中的阻力，努力实现变革。

一个变革成功的企业总裁曾经说过："任何原因、任何的借口都可以成为变革的阻力，都可以成为一个企业逃避变革的理由，但我们没有那样做，因为这个想法的代价太高了……"

阻力是一个企业在变革的时候理所当然应该遇到的事，但是，作为一个企业的总裁，你应该做的是带领企业的员工，迎难而上，克服变革的阻力，从而征服变革。

被利益绑架

有些人会觉得变革是企业寻求突破的一种途径，事实上也是如此。但是，在一个企业中，总会存在一大部分的变革反对者，他们对变革"敬而远之"。之所以会出现这种谈"变革"色变的现象，主要是因为面对变革，他们首先考虑到的是自己的利益，觉得变革多多少少会对他们的利益造成影响。

对于一个企业的中层管理者来说，他们觉得自己好不容易才熬到今天的位置，担心变革后会因为企业组织机构的调整，管理层的变动会使自己的地位不保，职位被剥夺，这些因素会威胁到自己的利益，所以他们也积极的反对变革。

作为企业变革的首当其冲的员工，他们在企业中是“唯利益论”的代表，他们反对一切会对自身利益带来影响的变动。他们清楚地知道，企业变革虽是历史的必然，但也存在着一定的风险性，他们害怕失业，害怕承担不了养家糊口的艰巨任务。说得直白一点，他们需要工资，需要一个可以让自己的生活变得安逸的工作，因此，不愿意冒一点风险。

当下许多企业在变革中遇到的阻力之一，就是企业的员工被利益绑架，因此他们反对变革，在变革中消极变革，这些都会威胁企业变革的实施和变革的成功。

湖南电信作为湖南省重要的一家国有企业，在近几年的改革发展中所做出的不懈努力和取得的巨大成绩，已经成为湖南省的其他企业学习和借鉴的榜样企业。

但是，2014 年湖南电信的变革确实阻碍重重。

在当前，电信企业的改制重组是整个国有企业变革的一个重要组成部分，电信企业的改制也是基于政府、员工、企业三者之间利益的重大调整。这样一种来自于电信企业的大变革，推动了各个地方电信企业的组织变革。

湖南电信作为企业变革的领跑者，为响应电信的改革策略，积极地对企业进行组织结构的变革。在一定程度上，企业的变革方向是组织结构的扁平化或是业务流程的变革，这些都会涉及内部员工的切身利益，加上变

革中人事的调动，涉及部分企业员工权利和地位的削减。所以部分员工反对变革，因此阻碍变革的继续进行。

针对湖南电信这次变革中遇到的阻力，宏基公司的人力资源总监杨国安评价道："许多的时候变革的阻力来自于利益和心态的层面，人们却避而不谈，以技术层面的理由冠冕堂皇阻止变革。"在变革中，形成的利益冲突是导致员工抵制变革的原因之一，湖南电信的变革阻力也是因为电信的员工感觉到了变革为自己带来的利益损失，因此反对变革。

这种变革的阻力是普遍存在的，甚至一些大企业的变革进程缓慢也是由于利益冲突导致变革阻力的产生，从而影响了变革的速度。

我国白酒行业的明星，五粮液酒业也难逃在变革中被利益绑架的命运，以此造成变革的速度缓慢，无法从根本上解决企业面临的发展上的问题。

2013 年，五粮液公司实现营业收入 247.19 亿元，同比下降了 9.13%；营业利润为 114.32 亿元，同比下降了 16.56%；公司白酒业务收入为 237.03 亿元，同比下降了 9.27%。

面对高端的白酒品牌五粮液的销售状况不佳，公司决定通过变革解决企业目前遇到的状况。首先公司决定从产品、销售模式等方面对企业进行变革。

产品方面，走"商务 + 大众"的路线，从两个不同的方面为企业提供更多的利润。

渠道方面，企业也杜绝之前大量的经销商的加入，加大对商品经销商的流入量。营销方面，对营销体系进行改革，使营销的方向趋向于市场的终端和消费者，减少销售过程中人力的浪费，使营销更具有针对性。

五粮液这样的大规模变革，不仅增加了产品研发人员的工作量，同时造成内部人员的大量流动，威胁到公司各个层面员工的利益，因此遭到了许多员工的反对，他们在变革的时候表现出消极的变革态度，阻碍变革的顺利进行。

其实，就五粮液的这一变革案例，首先变革方向与措施的正确性是值得肯定的，但就是由于企业的规模较大，牵扯到的利益群体范围较广，一些参与变革的群体或个体受到利益的捆绑，消极应对，甚至处处阻挠，导致变革的进程举步维艰，没能达到最初的目标。

据专业人士称："利益关系是利益主体在对利益客体的实践活动中形成的相互关系。利益关系既包括利益的一致性，又包括利益的冲突性。"

在变革中，当企业的利益和员工的利益保持一致的时候，员工就会积极地响应变革；相反，当两者之间形成利益冲突，因为受利益绑架的影响，员工对变革的行为和思想也会发生改变，产生一些不利于变革的因素。

1. 变革中的利益冲突的主要来源

（1）分工产生冲突

变革必定会引起劳动量的重新安排和分工，那么员工工作量的增加，而工资福利的固定不变就会让员工觉得自身的利益受到损害。

（2）员工才能上的差异产生了利益冲突

现在社会，能者多劳的前提是高额的薪资和福利，倘若薪资待遇同等水平的两位员工，有才能的人所做的工作难度增大，就会引起员工的不满。

（3）人事调动带来的利益冲突

在企业中，领导间的调动，会使得员工需要重新适应新领导的作风和习惯，这会为员工带来许多精神上的压力，所以，这也是变革中产生利益

冲突的原因之一。

要想解决在变革中被利益绑架的问题，唯一的办法就是你自己先把被利益绑架的问题揭露出来。如果你不这样做，那么变革永远不会取得令你满意的成效。也许现在你会问："怎样解决利益与变革的冲突呢?"

2. 如何从内部解决员工被利益绑架的问题

（1）发挥总裁的积极影响作用

以谈判、补偿和承诺的方式直接建立起员工的信任感，一方面用自身的影响力告诉员工要么变革，要么走人，让对方知难而退；另一方面，可以通过承诺和补偿的方式弥补员工因为利益受损而造成的变革阻力，同时还会让变革得到员工的肯定。

（2）让员工知道更多有关变革的信息，让企业上下都达到共同的变革愿景

愿景是解决变革中利益冲突的唯一手段，变革愿景能让企业的员工清楚地知道，现在的利益受损只是暂时的，并为实现变革后的愿景积极地变革。

（3）积极地对员工进行培训和岗位的轮换

教育培训可以转变员工的心智，岗位轮换能转变员工在变革与利益中存在的冲突，激励员工对变革的主动与积极性。

智慧点拨

利益问题，是阻碍变革的原因之一，作为一个变革的领导者，总裁更应该清楚利益为变革带来的冲突，并运用有效的手段解决这一冲突，是变革成功的关键。

不了解就变革

习近平主席在谈推进改革时指出，不要事情还没弄明白就盲目推进。邓小平同志也多次强调：“稳定压倒一切。”由此可见，变革是建立在对企业现状，对变革方向了解的基础上，不了解就变革，会使得企业在变革的时候准备不足，盲目变革。

当前我国正处在先进思想孕育和躁动的时代，即变革的时代。飞速发展的经济和科学技术使得社会变得越来越小，竞争局势也日益严峻，为企业的生存发展带来了巨大的压力。

面对这种社会现象，那些野心勃勃的企业总裁开始自己的东施效颦之路，但是企业一旦采取变革，就会打破原有的管理模式，企业的生存模式也要随之改变。

1. 在我国不了解就变革的形式

（1）不了解行情就变革

市场行情是企业变革的一个方向，如果企业在不了解行情的情况下就对企业进行变革，就会很容易把变革带到另一个方向，导致变革后的企业脱离市场。

（2）不了解客户的需求就变革

客户的需求是企业发展的目标，如果一个企业生产的产品无法满足客户的需求，那么这个产品就失去了价值，因此，只有按照客户的需求进行企业的变革，才能保证变革的成功。

（3）不了解现在的人心所向就变革

市场的主导者是市场的客体——消费者，左右消费者消费方向的是心之所向。因此，企业要想在变革中达到事半功倍的效果，就应该在变革之

前先了解现在的人心动向，以此确立正确的变革方向。

但是，有许多企业在变革的时候却忽略了这几个方面，为变革带来了反面的影响。

当标致的分公司在广东刚刚成立了不久，公司就开始着手对 MRPⅡ项目设备的使用工作，以达到公司订单、销售、人力资源、库存、财务、生产等统一规范化的管理，希望通过这种方式提高公司的生产效率，带动企业的经济增长。

当公司刚刚起步，尚不稳定的时候，1988 年，公司开始先弄个投资计划，将这一个中法合资的公司逐步推向正轨。但是由于广东标致公司只是标致的一个分属公司，所以，在这个公司中，法国的管理层和技术专家在公司的管理中起着决定性的作用。

这些法国管理层不了解中国汽车市场的行情，不了解人们的需求及消费的心理，照搬法国标致的经营模式和管理的模式，决定搞 MRPⅡ。

1989 年，公司已经组建了自己企业的信息网，并且在 1992 年又实施了比利时 MSG 公司的 MACH7 财务系统，1993 年开始实施零配件销售管理系统 SMS。广东标志公司完成以上这些系统，总共投资了 2000 多万法郎。

基于以上管理系统的不断变化，如果广东标致公司走对方向的话，网络应该发展得很成熟。但是，这些并没有对广东标致起到任何的帮助作用，相反，还使其陷入了一种进退两难的境地。

广东标致的变革失败，最主要的就是当时掌权的法国管理者忽视了中国的市场行情、客户的需求和消费者心理三方面因素，仍旧照着自己原先的那套理论生搬硬套，盲目地推行变革。这种脱离市场，脱离消费者的变革又怎么可能为企业带向正确的方向呢?

所以，对于一个企业的变革来说，要想成功地克服盲目变革的阻力，形成具有针对性的变革策略，了解市场的方向和行情以及消费者的需求和心理是变革成功的关键。实际上，国美2012年提出的线上线下的变革，也是建立在充分了解市场的基础上。

国美作为开创了中国首家家电零售连锁并在26年来一直领军行业发展的家电零售企业，也没有逃离2012年宏观经济疲弱，家电业普遍受到内需低迷的困扰而造成的家电业销售大幅下降的市场影响。

众所周知，中国真正上规模的零售企业的开端，始于国美。当初正是由于国美在了解消费者需求的前提下，对国美的营销模式进行变革，创立了家电零售连锁方式，这一变革打破了彩电业的价格联盟，为广大的消费者赢得了议价的空间，正是这种营销模式的变革，使消费者的理念介入了企业的经营与管理，并成功地促进了行业的竞争与蓬勃的发展。

然而，当国美处于蓬勃发展的势头时，互联网的出现打破了企业发展的局面，使得国美这个以家电连锁为代表的中国家电的零售企业巨头，正在面临来自互联网催生下的电商企业的竞争。

针对这一情况，国美根据市场的发展方向和消费者的消费需求，提出了“线上比价，线下下单”的全新消费模式。这一转型，让线上线下的不同类型的消费群体能够共享产品和服务资源，同时根据终端的销售和服务以及消费者的信息反馈进行分析，确定市场及用户的各项需求，并根据这些需求制定公司的产品销售类型和服务计划，最终推动企业的成功转型。

要确立一条正确的变革方向，首先应该对市场进行分析，充分地了解市场，然后才能有明确的变革方向。

变革对一家企业来说，是一个很严肃的问题，它首先要对自己否定，找到自己的缺点和不足，有针对性、有目标地变革。“不了解就变革”就像是向企业里投掷巨石，阻碍企业变革的脚步，同时也会为企业的生存之

路带来阵痛。

华为总裁任正非在谈到变革时说："我们要清楚'我是谁，从哪里来，准备到哪里去'，否则就不能实现变革的成功。"

任正非在对华为变革的时候就是坚持这三项原则，首先他清楚华为目前的地位，清楚地知道苹果、小米、三星的优势。所以任正非只是希望华为企业具有跑马拉松的精神，坚持企业要持续赢利。他只要求自己的产品要做到高质量，适应广大消费者的需求，然后奋力在网上销售。

其次，华为在竞争的市场上清楚地为自己找好目标，它把小米、苹果、三星作为企业的目标。但是又明确地表示自己不会盲目地对标，虽说都是电子行业的领跑者，但是企业生存发展的方向和企业的理念和宗旨都存在着明显的差异。所以华为只把他们作为目标，但是变革的策略上还要好好分析。

任正非在充分了解华为、了解市场、了解企业改革的方向后，便开始对企业的营销策略和生产设备进行改革，最终取得了辉煌的成绩。

通过华为的总裁任正非的智慧我们可以总结出，变革之前要先了解，认识自我再明确方向，不要看到竞争对手不断发展壮大就去盲目地模仿，陷入对方的节奏而迷失了自我。只有适合企业的变革才是最好的，生搬硬套只是往企业中丢石头，为变革制造更大的阻碍。变革实际上就是一个清淤的过程，应该让企业更顺畅地运转下去。

在这个变革的时代，企业变革已经成为企业间交流讨论的热门话题之一。在这种经验的交流中，会为一些冲动型的总裁带去一些偏激的想法，快速地把变革的思想灌输到每一个企业员工的灵魂中去。但是却缺少了思想，没有带着头脑深入地了解自己，也没有清晰的目标和具体的实施策略。

2. 摆脱不了解就变革的对策

(1) 清楚企业的现状

了解自己的技术手段、营销策略、管理模式、产品生产流程等，从这几个方面分析，找出落后的或者不足的地方。

(2) 为企业的生存发展制定一个明确的目标

目标就是方向，只有有方向才能保证目标的顺利进行。

(3) 深入地分析市场

对消费者进行调查，根据他们提供的信息和建议，结合第一步的企业自身的认识，制定出一套完整的变革步骤。

总的来说，先了解后变革，是保证变革成功的关键，也是变革中的清障车。

 **智慧点拨**

对企业来说，变革是一种必然，但变革中也存在着很多的阻碍。先了解后变革对于变革来说是一门艺术，它是保证变革成功的方法之一，是每一个企业总裁在变革之前应该重视的问题。

惰性大于行动

前不久一个朋友问过我这么一个问题：“为什么有那么多的企业在变革的年代，还要用传统的思想把自己包裹得那么严实?”针对朋友提出的这个问题，我用分析得来的一个数据进行回答。

30 年前，跻身于财富榜上 100 强的企业，有 1/3 的巨型企业被淘汰出局。同样作为社会财富的贡献者，为什么有的企业可以继续保持快速增长

的势头，在市场上保持自己的“元老级”地位，而有的企业却被历史发展的洪流卷入万劫不复的深渊。

客观地说，这些企业出现如此不同的命运，主要是行动决定的。有些企业依靠自己百年老店的位置，在被新世纪占领的时代依然发扬它“倚老卖老”的精神，使企业从上至下的员工都陷入一种被惰性吞噬的怪圈，一味地享受自己被原有的企业地位滋生出来的安逸，对破旧立新理所当然要付出的艰辛表示强烈地抗拒，最终被惰性阻碍了行动，导致企业的地位逐渐淡化，最终退出市场。

而那些企业之所以可以保持自己的地位不动摇，区别在于，当别人准备起床的时候，他已经站在初升的太阳下挥洒汗水；当别人还在饭桌上悠悠地用餐时，他已经走到厨房收拾碗筷；当别人还在对是否变革产生激烈的讨论时，他已经带领企业迈开了变革的步伐。

在这个惰性阻碍变革的行动的年代，我们应该勇敢地克服变革中的阻力，勇敢地抛开惰性，向被行动主导的行动者们学习。

在市场竞争中，变革的行动者们的身影随处可见，比如，永远在不停地变革创新中的海尔和“只做不说”的房地产商万科，还有就是不断从变革中求发展的苹果和小米，这些都是变革时代的行动者，也是变革时代杰出的企业代表。

2014 年的秋天刚刚来临的时候，关于 iPhone 6 的风波已经席卷了全球，世界上所有的苹果粉都在拭目以待苹果的又一次创新。

2012 年 1 月 13 日，是苹果公司在中国内地的苹果专卖店中销售 iPhone 4S 新品的日子，在中国市场中，凭借着一些“苹果粉”对苹果的大量追逐，终于在 iPhone 4S 的新品购买会上掀起了一股抢机的狂潮。许多“苹果粉”不畏严寒，通宵排队，只为了得到自己追逐已久的苹果新品。

2012 年 9 月，iPhone 5 正式开始对外销售，但是由于消费者的抢购热潮使苹果5由于供货不足导致请购的中断，iPhone 5仅仅在一周的时间内就已经赶超了iPhone 4S的一季度的销量。

2013年9月，让广大的“苹果粉”期待已久的iPhone 5S终于开始正式对外销售，一时间，美国的纽约大街上的苹果专卖店前排满了前来排队购机的队伍，但也是因为供货量的关系，导致一些消费者没有拿到自己期待已久的商品，但是即使这样，他们仍然表示出对苹果的忠诚。

自从苹果进入中国以来，它在市场上的占有份额就直线上升。2014年1月，苹果在移动手机市场占有份额已经达到20.2%，目前苹果产品虽然因为它的价格劣势没有在中国市场上享有大规模的占有率，但是从iPhone一开始到目前的iPhone 6，几乎每一款新品都在中国刮起了“苹果风”，并在中国的智能手机市场上拥有了众多的“苹果粉”。

苹果的热卖让我们看到，并不是中国的老百姓不喜欢消费，只是市场上缺少这种不断以消费者的需求为方向，以科技创新为依托的变革企业。目前我国的大多企业也开始走变革的道路，但是有一些企业无法克服自己的惰性，最终浅尝辄止，导致变革的失败。

关于变革中的行动者，除了乔布斯领导下的苹果外，中国的传奇人物雷军领导的小米，也积极地带领员工，克服了变革中的惰性，用行动支持变革，最终拥有了几百万的“米粉”，成为商界的又一奇迹。

“认真做手机，拉着客户一起干，在网上卖，因为量不够，大家排队。”小米科技董事长兼CEO雷军用这样一句简单的话形容小米手机研发与商业模式。

据了解，小米2011年手机销售仅有30万台，销售额为5.5亿元人民币；2012年小米手机销售已有719万台，同比增长了2400%；销售额也有126.5亿元，同比增长2300%；2013年，小米手机的市场销售1870万台，

同比增长了260%；销售额为316亿元，同比增长了250%。

2013年的5月27日，据研究公司Canalys的消息显示，在2013年的第一季度，小米在中国智能手机的销售量高于苹果，紧跟三星和联想身后，排名第三。

2014年，小米在第一季度就已经取得了中国智能手机市场上10%的份额。照此趋势，小米手机有望在2014年再次突破销售高峰，成为又一则销售神话。

在小米，最不能缺乏的就是不断变革的意识，小米成立了一个专门的技术研究小组，根据消费者的建议和需求不断地进行技术上的变革，以保证小米能够在竞争激烈的市场中，凭借着自己的积极性变革，帮助自己成为后起之秀。

在当今的时代发展中，随着科技的不断进步，产品更新的速度也随之加快，随着iPhone 6的问世，小米如果不积极地进行变革，放任惰性超越变革的动力，那么小米将成为第二个摩托罗拉或是诺基亚。

每个人都有惰性的心理，无论你是一个大企业家或是一个工厂里的小职员，但是，一旦惰性阻碍了变革的动力，那么你将会被那些后来者所超越。小米手机仍存在着容易发热、容易死机等弊端，如果雷军带领下的小米，不愿意为变革的艰难所付出，那么产品就无法进行优化和升级，就无法在市场中站稳脚步。

当然，这个社会是在对比下发展的，相对于“只做不说”的企业而言，肯定存在着“只说不做”的对立者。比如，被收购的摩托罗拉，逐渐淡出市场的诺基亚和申请破产保护的柯达。

柯达，这一傻瓜相机的开创者，曾经是享誉国际的商业巨头，柯达公司在影像拍摄、分享、输出和显示领域一直处于世界领先的地位。

但是随着数码时代的到来，柯达的光环也逐渐随着时间的推进和科技的不断进步而被褪去了历史的光环。

其实，柯达早在1998年就开始深感传统胶卷业务的萎缩之痛，但是柯达的决策者们，由于担心企业的变革会给柯达的胶卷销量带来影响，再加上新技术的适应能力需要一段时间的磨合，所以柯达被这种历史营造的安逸气氛冲淡了数码时代为柯达所带来的痛苦，因此，他们始终不愿意向数字业务方面变革。

2000年之后，全球数码市场高速增长，而全球彩色胶卷的需求开始以每年10%的速度开始急剧下降。

柯达这一传统的胶卷生产大企业因为受到惰性的捆绑，不愿意在新的时代积极地响应变革，固守往日的辉煌，坐视市场被不断侵蚀，最终在数码时代的冲击下，全面溃败。

这些变革时代的“牺牲者”，用他们自身的经历做反面教材，时刻警醒着后来的企业，告诉他们惰性大于行动，是企业变革中的阻碍，也是企业生存发展的阻碍。

针对这种变革的惰性，企业应该制定一个变革中的奖罚制度，让员工清楚地认识到变革的重要性，也让他们看到企业的变革决心。通过制度的建立，更好地管理企业变革中的员工的思想和行为。

因此，根据以上的分析，我们总结出克服变革中惰性的方法。

1. 强化危机管理

华为的总裁任正非写下的《华为的冬天》，就是人为地把华为即将面临的危机暴露在企业每一个人的面前。他告诫企业的每一个人，华为随时都有可能面临着冬天的到来，随时都有可能面临倒闭。所以企业的每一个人都想着怎样才能让华为有更长久的生命力，并为这一目标去行动，去

努力。

这种危机意识的培养，就是刺激企业行动起来的动力。不论是人还是动物，如果感觉到冷的时候，身体机能就会主动地做出反应，调节激素释放出更多的热量来满足身体的需求。

2. 确立变革后的愿景

希望是行动的动力，只有让员工看到变革后的希望，才能让他们变革的步伐变得主动与坚定。

我们为什么现在要努力工作，努力让自己的事业取得更大的成就，就是因为我们知道，努力工作能让我们赚更多的钱，能让我们过上更好的生活，实现人生的价值。你应该抓住这一点，为企业的员工构造美好的愿景，以此作为他们行动起来的动力。

3. 利用总裁的权威

每个企业员工都会以总裁的思想作为企业的主导思想，告诉你的每一个员工，要么主动行动起来，要么走人。相信每一个企业都不愿意养一些“思想的巨人，行动的矮子。”

智慧点拨

企业应当进行的变革模式应该是“分析—计划—行动”，而不是“目睹—感受—思考”。变革只有在行动中才有效，杜绝惰性大于行动，阻碍变革的进行。

心理压力太大

“郁闷”这个最新的流行词，已经成为人们之间互相抱怨情绪的口头语。这个词的最先产生是因为快速变革下，企业的员工心理压力过大而发出的抱怨，随着变革的不断推广，员工的心理压力不断扩大，让“郁闷”这个词迅速地传播。

每个人对新的事物都会有一定的适应期，所以当企业打破旧的生存法则，建立一套新的企业生存模式的时候，适应能力较差的员工就会产生很大的心理压力，使工作的时候每根神经都处于高度紧绷的状态。

在这样心理压力的影响下，就会导致很多事情的解决达不到预期的效果，同时也会让员工对变革产生一种抵触的消极情绪，这些都不利于变革的有效进行，阻碍企业变革的脚步。

作为一个企业领导人，应该比谁都清楚“人”对企业的影响作用。因此要注意企业员工的心理变化。

1. 企业员工心理压力过大的表现形式

（1）容易情绪波动

员工在面临变革时，面对工作性质和方式的不同，在接受新事物和新观念的时候，往往会产生恐惧、焦虑、不安的心理现象，由于自己又不能控制这些变化，员工的情绪就会以低落，悲观的形式表现出来。

（2）行为上比较被动

员工觉得自己只要保持和别人一样就行，对工作没什么特别的要求，比较容易满足。接到变革的消息时，刻意地去忽略，对变革表现得不积极，也不主动，表现出一种事不关己的态度。

（3）要求离职的人数越来越多，人员流失量大

出现这样的原因主要是因为一些企业员工比较自卑，感觉变革难度较大。变革让员工觉得失去了职业的安全感，觉得自己的水平不够，担心变革后会被解雇，所以提前离职。

近年来，电信的辉煌逐渐被移动和联通所覆盖，因此电信不得不对企业进行快速的转型，以便通过变革帮助企业重新在市场上站稳脚步。

但是电信的这一快速转型战略，使得广大的员工不得不直面极恶劣的市场竞争，他们逐渐感受到了来自市场、用户和岗位职责的多重压力。企业处在不得不变的紧张氛围中，为企业的变革带来的紧迫感，企业内部的管理体制的调整和管理岗位的分配所带来的危机感，以及变革后员工利益的变动所带来的焦虑感等，这些都增加了变革过程中员工的心理压力。

据2011年在中国电信内部开展的员工压力调查报告显示，25%的员工感觉到由于变革的迅速展开，逐渐感觉到压力非常大而且身心疲惫；50%的员工表示，虽然明显感到压力的增大，但是还在自己的承受范围之内；另外25%的员工表示，压力太大，但是能在这种压力中找到自己的成就感。

在这次调查中，有62%的人表示自己的压力来源于企业的变革为自己带来的工作和心理上的压力。

正是在这种压力的作用下，许多员工开始对变革变得焦躁不安，觉得变革会阻碍他们的发展，增加它们的工作量，甚至会对他们的地位造成影响。所以，中国电信中的一些员工开始消极地对待变革或是坚决地反对变革，影响了变革的迅速进行，拖慢了变革的脚步。

对于一个企业而言，真正的变革者首先应该是企业的全体员工，所以变革带来的心理压力，直接会影响着员工的情绪。

2011年，淘宝和天猫的交易总额正在快速地增长，但是卖家的数量却增长得相当缓慢。这主要是因为，阿里巴巴一直搭建的生态系统是以电子商务为纽带，资金流、信息流、物流在此基础上才能得以迅速发展。

但是这样的生态系统随着时间的推移已经不能满足商界的利益需求，

蘑菇街的 CMO 李研珠说："阿里巴巴的生态系统暂时遇到这样一个大问题，贫富差距越来越大。在淘宝，大卖家就会越来越大，而小卖家只能一批一批地死亡。"

在这种生态系统的影响下，2011 年 10 月，阿里巴巴的淘宝商城尝试变革，希望通过新的招商规则的制定，帮助企业摆脱目前的这种局面。但是这种变革却遭到了很多卖家的恶意攻击，因为招商规则的变革不仅冲击了淘宝大卖家的正常经营，而且还对支付宝产生了冲击，最终演变成一种"伤"城事件。

这样的变革使淘宝的大卖家们觉得自己的利益受到了损害，担心变革会影响到自己以后的生意，在这种心理压力的冲击下，商家们开始阻碍变革的继续进行，招商规则的变革被迫叫停。

像阿里巴巴的这种由变革而引发的风波，早在 9 年前美国的 IBM 就已经上演。

2005 年，美国的"蓝色巨人"IBM 迫于联想的压力，不得不对企业的组织构架进行变革，对企业进行重新洗牌。这一变革的实施，最终会导致 IBM 对员工的重新调整，导致一部分人失业。

当这个变革的消息被广泛传播的时候，IBM 的员工都开始为自己的前途担忧，大规模的裁员对一个企业来说，不仅节约了大量的资金，而且会使企业在管理上变得更明确。但是这样的变革对 IBM 的员工，将不是一件有利的事情，企业裁员不仅会使一大批员工失去工作，同时还会增加未被裁员的员工的工作量。

在这种压力的引导下，2005 年 5 月 23 日，美国的 IBM 员工在周一的时候纷纷开展罢工、游行示威以及联合声明的方式，反对 IBM 在全球裁员 1 万到 1.3 万人的变革计划。

IBM员工的罢工游行不仅为企业带来了巨大的损失，同时为企业带来了很多不良的舆论影响，严重危害着企业的声誉。所以，为了安抚广大员工的情绪，IBM企业不得不暂停变革计划。

其实，IBM这次变革的失败主要是企业没有在事前做好相应的准备工作，没有对员工进行心理安抚和指导，致使员工在巨大的心理压力下采取了不理智的行动，导致恶劣的罢工事件发生。

所以，作为一个企业的总裁，应该时刻关心员工的表现，企业变革的时期也是企业用人的时期，如果这个时候员工压力过大，会为企业带来一些负面影响，阻碍企业的进一步变革。

2. “管理”员工心理的方法

因此，为了更好地管理变革，你需要对员工的心理活动进行管理。建立变革过程中的沟通机制，使员工了解变革，认识变革，最终战胜变革带来的心理压力。

（1）与员工充分沟通

变革之前，你要使企业的每一个员工都对变革有一个清晰的了解和认识，只有理解，他们才会积极主动地响应变革。

向员工传播变革的愿景，每一个好的正确的愿景都会得到大多数人的拥护，也会为变革吸引更多的“粉丝”。除此之外，企业还可以通过面谈的机制让员工更了解变革，这样不仅可以减少企业人员的流失，同时也让员工看到企业对自己的重视。

（2）建立良好的社会关系

只有好的社会关系才能保证员工之间可以相互帮助，也有利于员工之间的交流与合作。

你应该做的就是为员工创造各种条件，以便帮助他们之间关系的建立。比如采用团队合作的制度，让团队之间的成员相互影响，相互激励，打破原有故步自封的狭小空间，融入到整个团队中去。

(3) 做好员工的培训工作

由于技术水平的不断完善，消费者对产品的档次追求也越来越高，企业员工要有能力应对不断提高的工作质量和工作水平，这就要求员工要不断地学习，不断地丰富自己的知识和技能。

因此企业应该注重员工的培训工作，让每一个员工都接受新知识，学习新技能，在变革中，能够用到学到的知识解决一些新问题，增加他们对变革的信心，还可以为员工提供更多的深造机会。

(4) 增强员工主人翁意识

只有为自己打工的时候才会格外卖力，只有让员工觉得为企业工作就像是为自己工作一样，才能发挥出员工对工作的热情，让每一个员工对每一份工作都有强烈的责任心。

带着思想做每一件事情，这样就会把变革进行得更彻底、更出色。比如，让每个员工都参与到变革的讨论中去，让每一个员工自由地抒发自己对变革的意见。

一个总裁，只要按照以上的方式对员工进行变革中的心理管理和培训，就能消除员工对变革的恐惧，帮助变革取得成功。

据有关研究表明，人对某件事情的参与度越大，对这件事情的责任心也越大。让员工积极参与就会让员工对每一件事情都高度重视，努力为变革展现自己的实力。

智慧点拨

员工是一个企业的重要组成部分，也是变革的主要参与者，只有解决员工对变革的心理压力，才能让员工积极主动地加入变革的行列中，保证变革的出色完成，为企业创造更多的利润。

评估误差明显

评估误差是在对企业进行数据分析时产生的一种偏差，误差可以减少，却是不可避免的。

评估误差过高或过低都会给企业的变革产生阻力，所以企业在做误差评估时，一定要对误差评估报告进行分析，找出其中误差评估较为明显的地方，然后加以改正，在一定程度上减少误差。

评估误差过于明显，实质上会成为一种对企业的管理、组织结构以及社会关系产生毁灭作用的一种“微病毒”，它会悄无声息地为企业带来毁灭性的灾难，也为变革带来很大的阻力。其次，还会引发企业员工的消极情绪，降低员工对变革的热情，对整个企业的变革信心都会产生巨大的影响。

有些学者还把评估误差称为“企业的后脚跟”，就是特别容易受伤的地方。可见，评估误差明显会对企业造成很大的危害。

1. 评估误差明显的原因

要想解决这一问题，我们首先应该了解误差明显的原因。

（1）评估的环境因素

导致评估误差较为明显的环境因素主要有时间因素和内部人员的因素，这些都会为评估带来很大的误差。

因为社会每天都在进步，计划永远都赶不上变化的行进速度。比如，长时间才能完成的变革要在短时间内评估，那么必然造成评估误差明显。在变革的过程中企业人员的流失和新成员的加入，也会对企业的评估造成误差。

（2）评估者的经验

如果找一些没有变革经验的人来评估，那么误差明显是理所当然的事情，因为他们对所有的事情所需要的时间都没有具体的概念，会出现很多人为的误差。

（3）数据的收集不够准确

有些企业的评估师在收集数据的时候，考虑得不周到，导致一些数据与实际产生很大的偏差，或是一些数据相隔年代过于久远，这些都会导致数据评估的误差过于明显。

以上这些都是误差太过明显的原因，发现问题就要想办法解决问题。当一个总裁拿到评估报告时，就应该从中发现评估误差较为明显的地方，然后改正。

这样似乎太过于麻烦，也浪费时间，最明智的办法就是，在评估之前就想办法解决这些误差明显的问题。

印度钢铁巨头米塔尔就是一名很有能力的变革管理者，在任何一项变革决策中，他总能提炼出有效的信息，对公司做出正确的变革决策，保证每一次变革的顺利进行。

反观米尔塔多年征战国际市场的过程，我们不难发现，在每一次的变革之前，他都会对市场进行充分的了解，这样就能减少在变革过程中评估误差过于明显的现象。

米塔尔的这种关于变革的思维方式，已经成为整个米塔尔集团每次变革成功的重要组成部分。在他的影响下，米塔尔集团的变革总能有效地避免这种因为评估误差明显而为企业带来的变革阻力。

比如在收购乌克兰的一家钢厂之后，米塔尔会亲自飞往乌克兰，在钢厂跟所有的经理开会，对其进行充分的了解，收集足够的信息和数据，然后对企业进行针对性的变革。

通过米塔尔的努力，凡是被米塔尔接管的钢厂都能在半年之内走出困境，一年后获得赢利。

毫无疑问，米塔尔之所以能够在每次的变革中都大获成功，不仅仅在于他对公司的扁平化管理，而且他在进行变革之前对公司内部和市场的信息掌握和充分的了解，进而制定出正确的变革决策。这种做法有效避免了评估误差的产生，使每次变革都能取得预期的效果，进一步增强了企业的变革信心与决心。

除了米塔尔之外，好多企业的变革成功都离不开误差的评估，只是有的企业进行精确地误差评估，所以企业的变革走向了胜利；而有的企业误差评估过于明显，因此阻碍变革的继续进行。所以，怎样减少评估误差已经成为一个企业评估师和总裁共同关注的问题。

2. 减少评估误差的具体注意事项

（1）对变革中的每一个步骤都进行评估，而不是为了节约精力就笼统地评估

评估的步骤越详细，评估的误差也就相应地会减少。笼统的评估就会使评估变革比较粗糙，有些细节的地方容易忽视，也会导致错误的评估。

（2）评估时，重点应该放在变革的工作上，而不应该推理到其他的工作上

有些企业变革的也许只是一种营销方式或者是新产品的开发，这样评估的时候你就只需要评估这些变革会带来的影响而不是对其他的工作进行评估，否则会使评估没有针对性，造成胡乱评估。

（3）评估的时候要有参与评估人数的限制

参与评估的人数过少就会导致评估的不全面，参与人数过多，则会使得评估过程过于杂乱，每个人各持已见，使评估难以有效进行。

（4）在评估的时候不要用含混不清的词

用词清晰以防不同的评估者对这些词有不同的理解，导致评估的混乱。

（5）评估过程中不要加入个人色彩

每个人对变革的看法都不一样，有的人希望变革，有的人反对变革。

希望变革的人在进行评估的时候会把结果都设想得特别美好，而另一些人就只会看到变革导致的不良后果，经由评估的无限放大，最终影响企业变革的决心。

以上这些都是减少评估误差的评估管理模式，按照这种管理方向进行误差的评估，就可以巧妙地避开误差评估明显的误区。

根据以上的分析，我们已经清楚地知道评估的误差产生的原因，以及避免误差出现的方法。所以就要求企业在做评估的时候要尽量减少评估产生的误差，进行有效评估。

智慧点拨

企业在做变革评估时，尽量避免评估误差明显的问题，这样会影响企业员工变革的积极性，不利于变革的进行。进行有效的误差评估，是梳理企业员工变革信心的一种有效途径。

第六章 主动变革 or 被动变革

当代企业的发展存在着很多不确定的因素，组织只有不断地变革，调整自身的形态和技能，才能在新的环境中寻找一线生机。

现在的企业总裁对于变革的态度，可谓是“仁者见仁，智者见智”。企业的变革可以按照变革者的态度分为主动变革和被动变革。被动变革往往是因为企业内外部环境的变化导致企业无法持续的进行，导致企业不得不通过变革寻找出路，又称“因变而变”；主动变革是企业未雨绸缪，提前洞察未来环境将会发生的变化趋势，依此对企业进行变革，即“为变而变”。

两种变革的态度，孰好孰坏？相信每一个变革者的心中都有一把明确的衡量标尺。对于一个企业，要想保持企业的生命力和活力，就必须选择有利的变革时机，进行主动的变革，这样才能防患于未然，使企业在今后的发展中游刃有余，创造优良的绩效。

不主动改革就会被动变革

当前社会的发展存在着很多不确定的因素，对企业的生存造成影响，迫使一些企业不得不在变革中求生存。变革时，企业要选择有利的时机进行变革，否则就会让企业深陷泥沼。

主动变革能掌握市场，被动变革只能被市场掌握。每一个企业的总裁都不想失去主动掌握市场的机会，但是对变革确实存在着一种畏惧，不敢把主动变革带到企业的发展日程中去。

这种侥幸的心理在如今的市场发展中已经变得岌岌可危，对现在的企业来说，要么变革，要么灭亡。

事实也证明这句话的准确性，企业要想积极生存下去，就必须要变革，主动变革将会给企业提供更多的准备时间，让变革更充分；被动变革只会让企业手忙脚乱，无暇顾及市场的变化。

每一家企业都在变革，主动变革才会在市场中主导先机，被动变革只能被市场的发展所覆盖。现在的企业，让人感受最深的就是“变”，事实上，企业管理者和员工不是害怕改变，只是害怕被改变。

变革就是让企业脱胎换骨，企业在变革中寻求进一步打开市场的机会，如果一个企业能够看到变革中带来的机会，那么企业就会主动地响应这场变革；反之，如果看不到变革带来的机遇，企业就不会主动发起变革，就会被动地去改变，这种被动就会转移企业变革的注意力，过多地关注变革为企业带来危害，在潜意识中对变革产生一种抗拒。

这种企业存在的现象类似于打疫苗。疫苗就相当于企业的变革，人体机能就好比市场上的企业。如果一个人注射了疫苗，这种液体就会对其身体的免疫机能进行重组和优化，提前对病毒做好准备。而那些没有注射疫苗的人，在被病毒感染后，就不是一针能解决的事情，不仅如此，还会对身体造成伤害。同样的道理，如果企业不主动变革，那么就会被外在环境的变化带来负面的影响，并让企业措手不及。在中国的乳制品中，蒙牛的发展可以说是有目共睹，尤其是近几年，蒙牛的发展更是风生水起，已经超过伊利，成为我国第一个牛奶生产的大企业。

蒙牛之所以能有今天的成就，离不开企业的总裁在掌管蒙牛的时候，主动做出的重大变革，因为这些先发制人的主动变革措施，使得蒙牛在短短数年的时间内攀上中国奶制品的最高峰。

2013 年 5 月，是孙伊萍就任蒙牛总裁满一年的日子。孙伊萍说，过去的 2012 年是蒙牛的变革之年，在这一年之中，孙伊萍带领蒙牛先后进行了 9 次变革：

第一次变革是价值标准从结果导向型向过程导向型的变革。孙伊萍表示，在蒙牛过去的时光里，牛根生和杨文俊带领蒙牛快速的发展，在那个时期是中国的市场经济和乳制品快速发展的时期，同时企业的规模也相对较小，所以两大总裁发挥了船小好掉头的企业优势，只重视结果而忽略过程。

但是，随着企业的规模不断壮大，国内的食品安全也成为消费者首先关心的头等大事，企业必须按规则办事。于是，在上任时，孙伊萍就开始对企业的内部流程进行变革，梳理和完善企业的内部流程，强调过程的合法性，保证流程清晰，并采取责任到人的责任划分制度。督促企业的员工，只有注重生产的过程，才能生产出令人满意的产品。

第二次变革是对员工的价值实现从负激励到正激烈的方式变革。孙伊萍说，在公司规模相对较小的时候，员工也许轻而易举地就能得到奖励。但是随着公司规模的不断壮大，员工取得奖励就会相对困难一些，这个时候员工由于不想失去这笔高额的奖金，有可能就会走上弄虚作假的犯罪道路。

孙伊萍发现了原本的员工激励制度中存在的弊端，因而弱化了负激励方式，大力发扬正激励，提高企业员工激励方式的人性化。

除此之外，孙伊萍还积极的对企业的价值、企业的股权结构、团队结构和战略等进行变革。在这一系列主动变革的推动下，提高了蒙牛的产品质量和效益，使蒙牛顺理成章地成为奶制品行业的龙头企业。

面对越变越快，越变越复杂的市场，孙伊萍没有让自己陷入对企业命运的堪忧中，她说：“只有你比别人看得远，比别人走得快，才能带领企业稳健的发展。”面对变化迅速的市场，孙伊萍让蒙牛主动拥抱变革，掌握乳制品的市场，让蒙牛掌握乳制品市场的竞争力，在市场的竞争中脱颖而出。

现在，在中国，随着电子商务快速发展，无论是传统制造业巨头还是传统零售业巨头都吃尽了苦头。在这种社会局势的影响下，张瑞敏敏锐地洞察出社会发展的趋势将会对企业造成的影响，因此主动地采取变革措施，对企业进行变革。

海尔集团首先进行优化产业链的变革，提供大家电装送一体化服务和全网渗透的策略，实现海尔在电商线上的圈地。尤其值得关注的是，海尔拼接这种国内数一数二的大家电物流的装配团队以及完善的销售网络，快速地向中小城市、农村市场渗透。

据有关线上销售的负责人表示，海尔目前的线上访问用户主要是一些来自三四线城市的高收入、高学历的人群。他们不仅有丰富的网购经验，而且对家电的需求量较大。在中国的2800个县中，海尔的物流覆盖率已经达到了2500多个，像这种对农村人采用物流的配送方式，是京东、亚马逊都无法达到的。

海尔通过这种对产业链的优化变革，打通了全产业链，不仅可以为农村的消费者提供送货上门的购置加点的解决方案，同时在新品首发、物流配送、售后服务等环节拥有比较大的优势，提高了企业产品的竞争力。

海尔的日日顺物流经理王跃峰说：“在别人都没有做的时候做，对海尔来说就是机会。别人解决不了，海尔有能力解决，这也是机会。”主动地优化产业链进行变革，因而使得海尔能够先发制人，走在市场竞争的前面，这就是主动变革为海尔带来的福利。

对于企业变革的态度，不同的领导人有不同的想法，有的企业领导人

喜欢在变革中稳占先机，主动变革，比如孙伊萍和张瑞敏，而有的企业则喜欢被动变革。主动变革就是企业为适应市场的要求或是根据未来市场的发展方向，对企业进行调整，自己把握企业的命脉；被动变革是企业明显感受外界压力的情况下，被迫对企业做出调整，将企业命脉交由市场掌控。

当今的市场情况，我们强调主动变革，这样能让我们掌握更多变革中的不确定因素，让企业更好的发展，被动变革往往会影响我们愉快的心情，而且收效也不明显，就像一个人明显感受到营养不良的时候再去补充营养，既费时，也对身体造成伤害。

如何才能主动变革呢？关键在于以下两点：

1. 沟通

全面的沟通，能让更多的员工看到变革为企业带来的成长，为个人带来的利益，在这些利益的驱使下，员工比较倾向主动变革，在变革中也表现得较为积极，有利于变革中问题的发现和探讨。

2. 变革的愿景

让更多的员工体验到变革为他们带来的自身的成长，为他们生活带来的改变。这种主动的变革结果将会促进企业的人际关系培养，保证企业的财政、技术、管理等环节健康成长。

智慧点拨

主动者永远主导先机，这是时代发展的永恒主题。只有主动变革才能在市场竞争中走在前面，才能保证企业的持续发展。

防患于未然，先一步改变

彼得·德鲁克说："变革是无法避免的事情，我们无法左右变革，我们只能走在变革的前面。"

世界瞬息万变，我们永远无法预测下一秒会发生什么，那些市场中潜藏的突发状况或是危机，都在未来的某一段时间内爆发，产生骇人听闻的影响。就如前几年的金融危机一样，在此之前，如果能提前感受到金融危机的影响，对企业进行改变，有些大型的企业也不至于在经历了几十年的长跑后轰然倒下。

突发状况对于企业的危害不亚于非典对社会的危害，值得庆幸的是，在第二年"非典季"即将到来的时候，国家已经研制出了一种对抗非典的疫苗，因此把非典拒之门外。对于企业，也应该做到未雨绸缪，在危机尚未成型的时候，就做好相应的调整，将危机对企业的危害扼杀在摇篮中。

我们都知道，变革是一个非常令人痛苦的工作，需要企业承受很大的风险，需要企业上下的员工和领导都付出很多的心血和精力才能完成。但是，在日益变化的市场中，比那个具有很多不确定的因素，往往在不经意间就把变革带入一个误区，唯一一个可以克服这些变革中存在的各种不利因素的办法，就是在危机尚未出现时，先一步变革，成为变革的引导者。

说到变革的引导者，我们自然而然想到的就是乔布斯，这个享誉国际的"苹果创始人"，又是以什么样的方式站到手机市场的顶尖地位？

1997 年 7 月某个工作日的一大早，当时任美国苹果公司总裁的吉尔·阿米利奥，由于苹果连续 5 个季度的亏损，带着遗憾和内疚的心情引咎辞职，离开了苹果。几分钟后，穿着休闲、留着短胡须的史蒂夫·乔布斯走上来，坐到总裁的座椅上，并摇晃着椅子对大家说："我认为现在苹果所

面对的问题，其实根本上就是产品的问题。”

为了防止自己上任之后，苹果仍然会面临亏损的状况，史蒂夫·乔布斯在上任之后就立刻提出对产品的变革。

乔布斯采取对产品变革的第一步就是消减苹果的产品线，把正在开发的15种产品缩减到4种，而且裁剪掉了一部分的员工，节约了企业的营运费用，这样就能避免企业在变革之初，资金周转不到位的风险。之后，乔布斯还提出，苹果必须放弃那些低端的产品，放弃占据领导地位的临近市场的扩张，专门从事高端电子产品的研究。

除此之外，乔布斯还大力发扬苹果的特色，以消费市场为目标，把苹果作为电脑界的索尼来做。1998年6月，拥有半透明、果冻般圆润的蓝色机身的iMac成功问世，并迅速成为一种象征着时尚的科技产品。

随着不断地为产品注入时尚的元素，不断地完善产品的外形和功能，在乔布斯的带领下，苹果最终摆脱了亏损的局面，逐渐步入正轨。

但是，企业经营的日益完善，并没有使乔布斯停下变革的脚步。21世纪伊始，个人电脑业务发展迅速，这个时期，乔布斯毅然决定将苹果从单一的电脑硬件厂商向音乐领域多元化出击，并于2001年推出了个人数字音乐播放器iPod，到2005年下半年，iPod已售出2200万台。

2007年，在乔布斯接手苹果的10年后，苹果公司的股票已经从过去的7美元/股飙升到74美元/股，市场价值也高达620亿美元。

有人说，乔布斯的秘密武器，就是他有着洞悉一切潜藏危机的头脑，在危机尚未出现的时候，先一步对企业进行调整，不光适应了未来市场的需求，还成为了需求的引导者和创造者。事实上，许多企业的变革都是根据苹果的变革作为方向，成为了苹果的追随者，这就进一步奠定了苹果作为市场领头羊的地位。

除了乔布斯，中集集团的总裁麦伯良也是当之无愧的变革引导者。

中集集团早在2000年的时候，产量就已经达到了世界第一位，但是麦伯良并没有只看到这种表面的辉煌，因为他清楚地知道，企业的辉煌背后也必定隐藏着很多的危机。为了防患于未然，将危机扼杀在摇篮中，麦伯良委托世界上最著名的麦肯锡咨询公司对中集进行分析和诊断。

然而令人震惊的是，经过麦肯锡咨询公司的分析诊断指出，中集现行的制作方法比国际最佳典范的做法落后20～30年。而且按照中集2000年的销售量估算，中集的财务业绩改进价值约为3亿元人民币。

在这种分析报告的作用下，麦伯良指出，中集必须在危机尚未暴露出来的时候，先一步变革。于是，在麦伯良的带领下中集开始采取一系列的变革措施，首先是向高端升级，向新技术发展，然后就是向着惊喜的生产方式看齐，以更高的效率、更优秀的品质来提高产品的竞争力。

作为一个以制造为核心的企业，中集有必要在这两个方面走在变革的前面，引领制造业的变革潮流。

面对麦肯锡公司的分析，中集在经历了本能的震惊、痛苦的反思之后，理性地看待企业存在的问题，没有寻找借口，质疑结果，而是对企业进行重新定位，提出更高的要求和目标，积极地策划变革方案。中集在企业内部暗藏的危机成为阻碍之前就主动变革，斩草除根，贯彻了对企业精益求精的发展理念。

根据苹果和中集的事例，我们可以了解到，苹果和中集就是因为走在变革的前面，所以企业才能有更好的发展。

事实上，企业总是在最辉煌的时候忽视那些潜在的危害，变革的引导者总能在危机尚未覆盖时，洞悉到即将带来的危害，先一步提出变革，协调企业的内外部力量发挥变革的作用。因此要成为一个变革的领导者，走在变革之前，必须遵循以下四个原则。

1. 有组织地放弃

这是第一个原则，也是其他原则的基础。首先，企业应该放弃那些在市场上没有竞争性的商品，着力开发新的商品。因为生产每一种商品，都需要大量的时间和精力的投入，这个时候放弃是最正确的选择。然后就是放下曾经的辉煌，过去的成就会使你一直停留在旧的思想和观念上不愿意改变，但是时代在进步，人们的需求也会随着市场的变化而有所不同，原有的“热卖品”可能在转眼之间受到冷落。因此，企业应该保持与时俱进的思想，在产品被冷落之前抢先一步采取变革，稳抓市场。

2. 有组织地改进

改变必须在保证组织利益的前提下，这是每个企业的总裁首先应该考虑到的问题。企业的变革并不是天马行空地胡乱变革，应当是一个相对有序的过程，保证每一个改变都对企业的发展有积极的影响，不会损害企业的利益和员工的利益。

3. 总结成功的经验

我们在变革中不能放弃寻找变革的机会，与此同时我们也要学着为变革创造机会。总结变革成功的经验通常能根据这些经验的分析和利用，为变革提供更好的机会。

在变革引领市场的潮流中，成功经验的寻找和发现往往会为企业带来真正有意义的改变，而成功经验的积累，最终会让企业在变革中得心应手，保证变革的顺利进行。

4. 创造变革

这是要成为变革引导者的最后一个原则。要这样想，要让员工参与变革，主动变革，首先应该让员工明白为什么变革，变革后会发生什么，要让他们把这些记在心上，挂在嘴边，把不断变革的思想融入到每个员工的工作中去。

防患于未然，先一步改变，是一项关于变革的完美抉择，是你带领企业抵御危机的防线。

智慧点拨

总裁要有洞悉变革实际的头脑，在危机尚未出现的时候，先一步变革，做变革的引导者。

未雨绸缪，化被动为主动

变革分为主动和被动两种形式，被动变革是企业内部对外界环境的变化所做出的反应，通过变革使企业能适应市场的发展规律。主动变革就是通过分析市场的环境，预测市场的发展方向，主动地对企业内部进行调整，与市场达到动态的平衡。

技术的飞跃既给企业带来了机遇，又为企业带来了阻碍，拿智能手机的推广来说吧，当手机市场被智能手机占领的时候，那些传统的手机就失去了市场，所以手机生产企业必须进行变革，对手机的生产技术进行调整，被迫追赶市场的方向。这种被迫的状态，就像是一群狗在追着你狂吠，你只有不停地奔跑，才能从狗嘴中脱险，挽救自己的生命。

诺基亚的陨落就是因为在变革的时期，不愿意主动变革，最后被智能手机市场所主导，最终因为赶不上时代发展的步伐而失败。

从近几年对诺基亚的市场分析可以看出，自从 2007 年 iPhone 出现之

后，诺基亚的利润就从领先行业的 35 亿美元下降到不足 13 亿美元，诺基亚的市场价值也在不断地缩水。2008 年，诺基亚的市值被苹果所超越，之后诺基亚的市场占有率就一落千丈，直到 2011 年，诺基亚的市值仅为苹果的 7%。

诺基亚的下滑局势不仅体现在中国，就连诺基亚的生产本国芬兰，诺基亚的受欢迎度也受到了强烈的冲击。2011 年的第三季度，诺基亚在芬兰的智能手机市场的占有份额也从一年前的 76%，下降到 31%，下滑幅度高达 45%。

综观诺基亚失败的主要原因：一是诺基亚的产品设计没有亮点，产品的功能相对比较单一，这与苹果、三星的智能手机的功能相比，没有竞争优势；二是产品的技术变革相对比较滞后，在产品受到苹果、三星的严重冲击之后，才与对用户没有吸引能力的微软合作进行智能手机的变革，失去了主导市场的机会，使诺基亚无法翻身。

诺基亚曾经的辉煌和如今的消亡不得不引起我们的深思和借鉴，过去的成功并不代表什么，在日新月异的行业竞争中，片刻的落后都有可能会遭到竞争对手的乘虚而入。在察觉到大事不妙后才进行变革，难免处处受制于人，在竞争对手制定的规则下疲于奔命。

相信每一个企业的总裁都不想让自己的企业陷入被追咬的境地，因此，企业总裁应该保持对市场的敏感性，能及时感受到市场的变化方向，在不得不变之前主动变革。在变革时代，最明智的选择不是应对变革的对策，而是未雨绸缪，化被动变革为主动变革。

在当今世界这一场主动变革与被动变革的追逐战役中，小米的出现，在引起人们惊叹的同时，更强调性的说明了，对于一个企业而言，只有主动变革，才能掌握市场。

据雷军表示，小米之所以能够取得今天这样的成功，完全是因为小米手机的独一无二。首先，小米手机拥有精致的做工和舒适的手感，这就使得小米在外形上的变革首先俘获了消费者的心。

小米还拥有性能很高的处理器。小米手机主要采用的是 MSM8260 1.5GHz 的双核处理器，运行速度非常快。在目前的手机市场上，这款处理器已经是最快、最先进的，也正是因为小米这种高性能的处理器以及适中的价格，使得小米迅速成为人们追逐的焦点。

小米一上市就已经在消费者的心中占据了一席之地，拥有了数以百万计的发烧友。但是，功成名就的小米仍然没有停止自己的变革步伐，在近几年的时间里，小米相继推出红米、红米 Note、小米 3、小米 4 等新品，在技术上和手机的外形上都不断地进行变革，以免在这个变化莫测的手机市场中失去优势。

雷军说："只有你不断地变革，不断地创新，才能使你的产品在同行业中独树一帜。"所以，当很多人讲雷军"忽悠"的时候，应该先想一想他们是不是正在努力把手机做到极致？他们一次又一次的变革，是否为了使自己的产品在同行业中处于领先的位置？实际上，小米能做到今天的位置，与雷军主动变革的态度是分不开的。

因为，一旦变革成为市场发展的一种趋势，那么企业势必会在这种影响下，被动地变革。这样企业面临的选择就会相对应的缩小，最后只好采取"兵来将挡，水来土掩""船到桥头自然直"的应对模式。如果化被动为主动，就能保证企业处变不惊，在冷静中变革，巧妙地化解危机，为变革带来的危害降到最低，为企业创造更多的机会。在天晴的时候就准备好雨具，这样就能避免企业"淋雨"，也能沉着地应对雨天的来临。

每一次的变革都不是毫无根据的，大多数企业在"不得不变"时刻来临的时候，都可以察觉到端倪。可以这么说，所有的变革都是企业内部先

有需求，然后再由外部环境的推动，两者在事件的发酵中，最终改变。

近年来，根据市场的变化，老字号品牌同仁堂也打破原有的“酒香不怕巷子深”的传统观点，开始摸索变革的道路，主动变革。同仁堂在研究传统的中药的同时，还积极地引进国外的“脂肪体”技术，对现有的中药产品进行改进，逐步实现中药向着国际化的道路发展。

同仁堂提高了产品的科技含量，并且注重产品科技的二次研发，采取了提取浓缩药丸、无糖制作、片剂薄膜包衣等一系列的新技术。

与此同时，同仁堂还致力于市场的调查，根据消费者的需求对企业的生产技术和产品的制作方法进行研究。浓缩六味地黄丸、软胶囊等一系列在制药技术上的创新，为同仁堂在社会上的地位开辟了新的途径。

同仁堂的主动变革，不仅推动了企业的快速发展，而且引领着国内药品行业发展的方向，通过高科技的打造把传统的中药推向国际化的销售空间。这不仅是一次企业的腾飞，还是一次民族传统工艺的腾飞。

由此可以看出，变革是一个企业发展的灵魂，在市场变革形势的影响下，企业不变革就会走向死亡，变革已经成为每一个想继续发展下去的企业，不得不面对的一个问题。主动变革才能为企业提供健康的、全新的、不断向上增长的发展趋势，它不仅能为企业迅速打开市场，还能让自己的产品早一步的扎根市场。

要想未雨绸缪，化被动变革为主动变革，企业总裁和其他的高层就不应该把目光局限在对企业和市场的发展的一些肤浅的认识上，只有看清局势，看到局势的变化对企业发展的作用和将会产生的影响，才能在契机将出现的时候主动采取变革。一个企业的总裁要想做到未雨绸缪，应该从三个方面拓宽自己的视野，敏感地预知市场的变化。

1. 横向的延伸

就是由一种现象的发生，推出解决问题的办法，据此为企业开发一种新的生产方向。比如现在的年轻人都追求物质的享受，但是刚踏入社会的时候，手头都比较拮据，对买房、买车等还没有足够的经济能力，所以一些企业开始推行以贷款的方式购房、购车，“房贷”“车贷”也逐渐成为房产开发商和汽车销售商的营销方式。

2. 纵向的延伸

既由浅显的社会现象，联想到企业的内部。比如“社会人”这一词语的普及，让有些企业认识到，现在的员工所追求的不仅仅只是经济上的满足，他们更多的需要精神上的满足，随即一些企业根据这一现象开始调整自己的管理制度，建立完善的员工福利制度，尊重每一位员工，最终让员工与企业共同发展。

3. 前瞻的延伸

一个企业的每一点变化往往都潜藏着危机，事物的发展永远不会只停留在一个水平线上，有些时候，表面风平浪静，危机却已经潜藏。大量的变化都是一个循序渐进的过程，有些变化是不易察觉的，一旦发现就为企业带来危机。所以企业总裁要有提前预知变化的敏感的能力，为变革做准备。

对于一个企业，只有未雨绸缪，主动变革，才能走在行业发展的前面，才能展现自己的特长，取得成功。

智慧点拨

在市场中，只有迅速地抓住变革的趋势，提前做好准备，才能使企业

在市场上的步伐向前迈进。作为总裁，要把目光放得长远一些，提前为变革做好准备，化被动为主动变革。

技术加强变革意识

当科学技术引领企业发展的潮流时，技术便成为企业变革的第一动力源，技术的不断创新也成为企业变革的风向标，企业应该坚持“科学技术是第一生产力”的思想，让技术的不断创新强化变革的意识。

每个企业的领导人都清楚，如果企业的发展跟不上科技的步伐，那么企业必定因为技术的发展而走向倒退，最终退出市场。只有把技术创新作为企业的变革战略，才能使企业借助技术得到提升。竞争是一种淘汰赛，优胜劣汰就是市场竞争的规则，技术的变革可以给企业带来新的客户群，为企业的生产节约成本，提高企业的产品质量和经济效益，帮助企业确定竞争市场中的地位。

技术的不断进步已经成为每一个企业都十分关注的话题，技术已经成为一个企业生存与发展的秘密武器，在技术上占有优势才能在竞争中踩在别的企业的头顶上，体味“会当凌绝顶，一览众山小”的伟岸。

因此，每个企业只有不断地进行技术创新，不断地根据技术的发展调整企业的生产力，才能在市场竞争中不受到“欺压”，主动地击败对手，保持自己的健康发展，为企业寻求更大的利润空间。

汽车行业是一个竞争激烈、变化莫测的行业，但是无论怎么变化，怎么快速发展，一些企业仍然引领着汽车行业的风尚，在市场上仍然发挥着不可磨灭的影响力，克莱斯勒就是其中之一。

科技不断进步和发展的时代中，克莱斯勒生产技术的不断进步为企业提供的变革机会，所以，克莱斯勒一直不放弃对技术的创新与变革。

2008年，即克莱斯勒300C正式生产之后，克莱斯勒的入门级车型铂锐也于2008年3月上市。为了削减成本保证更快的商品生产效率，克莱斯勒制订了一个新的变革计划。

很快，克莱斯勒推出了一系列新的技术变革，将原有的产品开发和生产变得更有效率。

克莱斯勒的新技术主要包括装配有全程驱动系统的2009年道奇Charger，而作为后轮驱动的300C也提高可燃油的效率，节约了大量的成本。

克莱斯勒就是根据科学技术的不断发展，因而对企业的生产技术和商品技术都不断地进行变革，以使企业的发展和商品的创新能赶上时代的发展，为企业提供更多的竞争优势。

克莱斯勒不断地根据市场的需求进行技术的创新，成为全球市场竞争中的领跑者，也是汽车技术的不断更新者。克莱斯勒在美国传统的三大汽车制造企业中至今仍然独领风骚，风光无限好。它生产的产品已经分布在世界的各个角落，不断地为消费者带去惊喜。

在克莱斯勒的发展过程中，揽下了无数第一的荣誉，走在汽车行业发展的前列。生产的车型和种类也随着市场的业务拓展不断地发展壮大。克莱斯勒的成功，就是因为企业的领导人能洞悉技术发展的变化，然后根据这一变化迅速地对市场作出反馈，确定企业变革的方向，进行产品的技术革新，始终走在了科技的前沿。

克莱斯勒的变革是建立在技术不断进步的基础上，目前很多企业的变革都是源于技术的不断进步，让企业认识到如果不积极变革，企业将会处于落后的局面，所以，技术的不断进步是导致企业变革的根本原因之一。

随着时代的发展和科技的不断进步，智能终端、大数据、可穿戴设备、4G等技术的发展让智能手机产业迎来了新一轮的发展。

目前，TCL集团的董事长兼总裁李东生先生表示："在4G时代的影响下，TCL将计划通过百度云平台和各大运营商进行合作，并在明年与互联网企业合作，创造新的产品形态和业务模式。"在4G的影响下，企业要想与时俱进，必须对企业进行相应的技术变革，以求追上时代的发展步伐。

4G为移动互联网带来变革。在中国4G牌照发放前夕，中国移动已经开始提前部署TD－LTE，以此奠定中国移动在终端、业务和服务的基础。高速度、高经济效益的4G无线技术，为中国移动完善上下产业链提供了很大的机遇。

目前，中国移动推出了移动4G卡免费换的活动，这不仅是中国移动在相应4G时代带来的重大变革措施，也使得中国移动迅速成为引领4G时代的通信企业，进一步的确定了中国移动在消费者心目中的地位。

有些专家表示，4G时代的到来，将会再掀起一场新的企业变革的风暴，在这个技术决定一切的社会中，只有与时俱进，跟上技术发展的脚步，才能在市场中具备竞争的能力。中国移动提供的4G免费体验的活动，也是为响应4G时代的到来而进行的变革，从产品和市场两方面迎接4G时代，吸引第一批消费者。

20世纪的科技革命为人类带来了曙光，目前，企业把所有的竞争优势都通过技术表现出来。技术不更新就预示着企业将会失去市场，因此，大多数的企业通过技术加深企业变革的意识。

先进的技术水平总能独领市场的风骚，现在的企业也已经被科技这一高端大气的词汇所吸引，为了验证"科学技术是第一生产力"，勇敢追逐技术的变革。事实上，企业大多数的变革都是围绕技术展开的。21世纪的发展趋势是企业逐渐把技术创新和开发纳入企业变革的主体，企业要想在社会竞争中实现自己的可持续发展，就应该增强技术创新意识，不断地对企业进行技术上的变革。

综观许多大企业利用技术加强企业的变革意识，主要表现在以下几个方面。

1. 注重市场技术信息的变化，调整企业方向

技术的改变必定带来企业的生产模式和产品种类和质量的变化，因此，外界科技市场的每一次变化，都要求企业做出正确的反应，稳定企业的发展。

2. 抓住技术开发，不断地调整商品结构

作为一个生产和销售一体的企业，应该把技术开发放在首要地位，有技术就有市场，根据技术不断地进行产品类型和质量进行调整，坚持“人无我有，人有我优”的开发原则。

3. 加快科技步伐，适应市场

技术的开发和优化是带动企业进步的关键手段，根据市场的需求方向，不断地研发先进的技术，以此为原则不断地占据市场。

4. 以企业技术提高产品质量

现在的消费者不仅仅追求价格上的优惠，更多关注的是商品的质量，所以企业逐渐把产品的质量作为企业的生命，如果企业不解决在质量上取胜的这一技术生产难题，就无法在激烈的市场竞争中占据有利的地位。

5. 重视技术型人才，营造技术引领企业创新的企业氛围

企业有了技术人员，才能不断地刷新企业的生产技术，新产品才能得到研发。

智慧点拨

科学技术是第一生产力，以科技引领生产潮流，让科技加强企业的变革意识，对企业的总裁来说是最明智的选择。各大企业应该利用自身的科技优势，利用技术的创新和技术的改造让企业占据市场。

第三部分
勇攀高峰乘胜前进——实施变革有哪些步骤

在当前变革局势的逼迫下，总裁必须掌握变革的技能，但是就目前我们看到的情况而言，仍有一部分企业的总裁面对变革的时候茫然不知所措。

要清楚，变革不是一种想当然的冲动，每一个企业的总裁都不会愚蠢到拿自己企业的命运开玩笑，他们在变革的时候必定坚持一个方向，那就是成功。

一个成功的变革，并不是体现在变革愿景多么的伟大，而是体现在变革的实施步骤上，变革是一步一步进行的，最终走向转型后的美好。所以，总裁们应该关注的是实施变革的步骤是什么？有哪些步骤可以保证企业的成功转型？

这些是变革的关键问题，在变革之前不要把过多的时间花在变革的愿景与变革的时间上，框架构造得再精致，没有内容仍然是一种不切实际的幻想。外表华丽，内心空荡，不及麻雀虽小，五脏俱全带给人的震撼强大。只有掌握变革步骤才能让你的空想变成一种现实。

第七章　让“人心”思变，提高变革战略的认同度

战略大师迈克尔·波特在访问中国的时候曾被问过这样一个问题：“在企业的变革战略执行过程中，企业最需要突破的难点在哪里?”对此，波特的答案是认同度。

如果一个企业的变革战略得不到企业人员的认同，那么将无法形成对变革的共识，这样的一个变革团队，要想在企业的变革中取得胜利是不可能完成的一项任务。

显然，变革战略的执行需要建立在变革的执行者们对变革的战略认可和统一的基础上。但现在企业面临的问题是，如何提高企业变革的战略认同度?

让“人心”推动变革

自古以来历代君王都有这样一种觉悟，“得民心者得天下”，所以才有康熙王朝的盛世，才有至今仍然活在亿万群众心中的周恩来。对于企业也是如此，只有得到员工的拥护，才能在危机到来的时候，众志成城，共同为企业更美好的明天而奋斗。

从领导者的角度来说，人心是企业发展的灵魂，企业是由人组成的，如果变革得不到员工的支持，那么变革又该从何谈起？若是只有总裁一个人在那里每天大会小会地强调要变革，而员工都抵制变革的话，那么这种变革的思想就像是被埋藏在地下里的矿石，只能停留在黑暗中，又或者是扮演一种“见光死”的娇弱角色，最终也不能带领企业走向变革的成功道路。

2012年5月9日，对加多宝来说，是历史上最灰暗的一天。

这一天，加多宝被告知要停止使用原有的“王老吉”商标。这一决策宣布意味着加多宝商标争夺战的失败，使加多宝不得不陷入重新设计商标、重新调整市场战略的境地。这无疑让加多宝的总裁和每一位管理者都感觉被人重重地抽了一个耳光，他们也被突如其来的冲击拍打得慌了神。

就在这时候，人力资源部总经理夏楠说：“大家都不要慌，我们每个人都想一个应对的策略”。由此，把所有的人都从手足无措的煎熬中拯救出来，开始新的思考。

第二天所有的人都为企业献计献策，都希望自己的想法能带领企业走出苦海。就这样，奇迹发生了，企业上下同心合力共同设计了新的商标。夏楠发现，员工也已经团结一心，凝聚成了一股强大的变革力量，最终为加多宝带去了更辉煌的前景。

加多宝的案例说明，当员工的激情被激发出来的时候，在企业的带动下就能把这种激情凝聚起来形成一种动力，推动变革的进行。

智慧点拨

“水滴石穿”，只有人心所向之日，才是带动变革成功之时。

确立变革愿景，并使其成为全体员工的共同愿景

联邦速递首席执行官弗莱德·史密斯说：“领导的首要任务就是传达

机构的愿景和价值观。”建立愿景是企业成功变革的关键。

综观每一个成功变革的企业，不难发现他们都有一个共同的特点，他们都在变革之前根据员工的期望，最后由总裁制定和阐述了一种企业所有人对变革的期许和方向。如果你想在变革中发挥你作为总裁的英明与智慧，你应该做的就是结合所有员工的变革愿望，为企业制定出一份深得人心的变革目标书，以此作为激励员工积极投入到企业的变革中去的条件和筹码。否则，你的变革就像是盲人问路，只能靠摸索着进行。

“中国企业的国际化没有任何可以借鉴的经验，不同的发展模式和市场环境决定了众多中国企业不能盲目模仿欧美企业的模式，只能通过自身的变革和探索来确定自己的国际化道路。”TCL 的集团董事长李东生表示。

2005 年是 TCL 最为艰难的时期，但是李东生审时度势地对企业的战略进行调整，从内部的文化入手，对企业进行变革。通过对变革远景的沟通凝聚变革的力量，形成了变革的合力，推动了变革管理制度的精细化、建立了完善的变革培训团队，打造有序的变革步骤，顺利实现了企业的重生。

对于一个企业来说，只有变革的愿景是不够的，当愿景确定之后，还要加强变革愿景的沟通。

智慧点拨

变革愿景得不到充分的沟通与交流就无法在企业内部达成一种共识，无法带领企业员工释放更多关于变革的正能量。

做好变革的战略宣传贯彻工作

要想在一场战争中取得胜利，就应该制订一个详细的作战计划，让部队里的其他有关人员清楚这个计划，这样在打仗的过程中就能严格按照作战计划，各司其职，发挥优势，在战斗中取得胜利。

这种战略宣传与贯彻工作，对于一个企业的发展也是如此，在对企业变革时，会有一个专门的小组研究变革的战略。起初这一战略只有企业的少数人知道，然后通过总裁审查，审查通过后就会在企业的内部做好宣传工作。

当企业的员工对这一战略熟悉时，就把战略作为自己变革时的行为准则和参考步骤，一步步落实。这是一个正常的企业应对变革时候的做法。

中石化在变革之前，就已经对企业上下做好了战略宣传贯彻的准备，通过会议和文件派发的方式把变革的战略“暴露”在每一个员工的眼前，这样企业员工在面对变革的时候心中就有底，也有了变革的参考依据，因此，才能在变革的时候大胆地投入自己的情感，避免在变革中走更多的弯路，使变革顺利地进行。

在变革之前只要做好以上几点，就能在企业的员工心目中提高对变革的认同度，使它们积极主动地参与到变革的行动中去，这样就在一定程度上保证了企业变革成功。

智慧点拨

总裁应该重视在变革之前员工对变革的认同度，做好变革愿景和战略的宣传工作，使员工从心理上接受变革。

第八章　明确变革规划，深化变革方案的理解度

有些企业的变革存在着这样一种弊端：员工没有深入理解企业的变革方案，中高层的管理者也没有对变革的方案进行过多的说明，因此导致员工在进行变革的时候，盲目变革或导致变革脱离最初的预期，因而导致变革的失败。

造成这一弊端的主要原因，就是企业的员工在进行企业变革的时候，没有对变革的方案进行分析和理解，仅仅把变革当成是一项任务，一种使命，因此导致在变革的过程中出现了认识上的偏差。

对一个变革策划者而言，应该在制订方案的时候，进行有条理的规划；在执行变革的时候，应该让执行人员明确变革方案的具体步骤，并对变革方案有全面的理解和正确的认识。这样才能达成统一的变革愿景，完善变革前的准备工作，保证变革的成功进行。

明确变革规划，提高对变革的理解度

1. 要让企业的变革具有紧迫感

我们经常讨论的问题的解决方案，往往不是问题的症结所在，像个市井的怨妇一样，总是把问题纠结在等待变革的最好方案上，结果只会把糟糕的情况被自以为是的态度变得更糟。所以我认为解决企业变革的根本就是增加变革的紧迫感。

要让变革具有紧迫感，就要让员工认清现在的局势，知道社会发展所处的位置，对于一个大型的企业，要在风云变化的市场上大有作为，就应该让变革具有紧迫感。让你企业的员工清楚地知道，有些事情现在不做，就会落后于别人，再做起来也就困难重重，企业所面临的问题也会变得越来越严重。

有些事情，只有你觉得不得不做的时候，才会一心一意地把它做好，这种紧迫感会赶走惰性和犹豫不决的“小女人”思想，让你像一个真正的“一家之主”，把这种变革的紧迫感灌输到每一个家庭成员的思维中。

2013 年，沃尔玛的总裁宣布：沃尔玛 2013 年已经关闭了 14 家店，如果不采取变革，据悉在接下来的一年里，有可能会关闭 20 家店。

这样就向沃尔玛的所有员工表明了现在沃尔玛的处境，让他们深刻地体会到“日子”不好过，他们会觉得变革是企业摆脱困境的唯一出路，并积极地参与到企业的变革中去。

2. 打消变革的疑虑，增强变革的信心

温家宝同志说：“在经济困难面前，信心比黄金和货币更重要。”

变革是一个企业从量变到质变的过程，这个过程中不可避免地会有一些外来因素的入侵，为变革带来一些“不速之客”，这是变革之前每一位企业的员工和总裁都会担心和考虑的问题。

我们已经让员工认识到变革的紧迫感，已经向员工传达了企业“非变不可”的处境，所以，接下来你需要做的就是打消自己和员工心中的那份顾虑，为变革增加一些成功的动力。

疑虑是放慢变革脚步的一种冠冕堂皇的“理由”，也是阻碍变革进一步深入的思想阻力。变革是一个不确定的过程，你们会担心变革是否能达

到自己满意的效果，会不会适得其反，为企业带来灭顶之灾，而员工所担心的就是企业变革会不会影响自己的工作地位，会不会对自己的利益造成威胁。

综观那些在企业变革中犹豫不决的总裁或是员工，他们似乎被蜗牛附体一般，在变革的浪潮中缓慢地爬行。当别的企业都在变革的顶峰“花枝招展”地绽放成功魅力的时候，他们仍然在半路中缓慢地爬行，口中呢喃着“我要加快速度”，心中却被“疑虑”拖着，承受着精神上的折磨和行为上的打击。

3. 选择目标的切入点

所谓的切入点，就是你做一件事情的时候，首要解决的问题，这是决定一件事情成败的关键。对企业变革的切入点，不同的人会有不同的看法。有的人认为应该从企业文化着手，有的人认为应该从企业的组织结构入手，但是，我认为这些都是错误的，应该根据企业发展的需要和社会发展的方向选择变革目标的切入点。

阻碍企业发展的最大因素是什么，是技术、制度、市场？还是别的一些因素？社会中法律、政策、消费者思维等因素的转变，为企业发展提出了哪些机遇和挑战？只有先弄清楚这些，才能找到企业变革正确的切入点，而不是模式化地追随其他企业的脚步。

4. 变革成员的训练

企业变革是一项新的内容，对于企业的员工来说，是一种对旧有思想、技能或是管理方式等的破旧立新，所以企业急需一大批可以顺应变革时代的员工。

当企业打破原有的工作制度或是管理方法和生产流程的时候，企业对于新知识的介入，要及时地对员工进行训练和培养，这样才能让员工新补充的知识与企业的发展所吻合，避免企业生产脱节的不良现象发生。

 **智慧点拨**

变革的规划方案是一个企业在变革之前应该遵守的“行为准则”，是企业员工的工作参照。

变革训练计划

变革成员的训练计划，应该是在变革前，甚至在变革计划拟定之后就对企业员工进行的一种培训。社会每天都在发生不同程度的进步，旧的知识也逐渐被新的知识所取代，人的思维能力和对新事物的接受能力也会随着时间的增长逐渐消退。因此，在变革的过程中，要有计划地定期对企业的员工进行训练。

尤其是那些对企业员工学历要求不统一的企业，他们的员工构成形态比较复杂，员工的思维方向差异也比较大，所以对员工的训练也就变得越来越急迫。变革训练计划一般包括以下几项内容。

1. 让员工正确认识变革，从内心中肯定变革

变革从根本上来说，就是为企业带来更高的效益，如果员工不了解变革，不认识变革，这就为变革的顺利进行造成阻碍。许多员工会以为企业这样做是在做“赔本买卖”，是在带着所有员工走向灭亡。

因为不理解变革，不支持变革，因此他们的参与度就不会很高，有时甚至阻碍变革的进行。所以，对一个企业来说，只有员工正确的认识变革，才能积极地参与变革，为企业带来更大的变革成果。

2. 培养员工的创新意识

员工光有对变革的理解是不够的，变革中往往产生许多其他的因素，也会遇到一些新的问题，这就要求企业员工在应对变革挫折的时候要随机应变。培养自己对新事物的处理能力，这样在变革中才能发挥自己对变革的独特见解，为变革献计献策，为变革增加一些“润滑剂”，完善变革。

3. 对员工新技术的训练

变革中存在着对设备的更新，更新后的设备对企业员工的操作技能会有不同的要求，所以在变革之前要对员工进行技术上的培养，确保员工能出色地完成工作，避免为企业带来人员的流失和生产上的中断。

4. 让企业员工清楚变革的战略

战略就是变革的目标以及步骤，只有企业员工清楚地知道自己该往哪走，该怎么走，就能保证变革有条不紊地进行。

对员工进行战略培训，避免出现变革的盲区，如此，就能在变革如火如荼进行的今天，出奇制胜，把企业的每一位有关变革的人员都培育成变革的高手，这样又怎能不在变革中取得胜利呢?

5. 培训员工对变革中风险的处理

变革本身就是一种产生新事物的过程，没有人可以预料到变革会为企业带来哪些风险，所以要对企业员工做好应对风险的培训。

当风险出现的时候，员工不会被风险吓倒，蹲在翘角抱起躲避，为企业营造一种“山雨欲来风满楼”的危机氛围。风险是变革带来的一种危机，企业员工若能做好风险的处理，保持冷静的处理风险的态度，不“四处逃窜”，才是应对风险最理智的选择。

做好以上的变革成员的培训计划，就能在变革成风的市场竞争中，带领一支成熟的变革团队，从容地进行企业的变革，取得优异的变革成果。

企业变革的目的是为企业创造更多的财富，而员工支持变革的目的就是使自己的钱包鼓起来，为自己赢得更多的待遇。因为他们清楚，只有企业富了，自己才能分得一杯羹，让自己的钱包不再像个营养不良的老人一样，干巴巴的。

达成了企业目标与员工目标一致的原则，在员工之间形成一种变革的合力，只有这样的企业才能在转型的时候得到更多员工的拥护，在变革时充分发挥一个团队的力量，以团结一致的变革热情，为变革的成功保驾护航。

犹如一个人在行走的过程中会面临两条路的选择一样，企业在从传统走向新型的变革过程中，也会出现两种不同的认识走向，有的人支持变革，而有的人反对变革。这两股势力的对立会为企业变革造成严重的后果，威胁变革的成功率。

智慧点拨

对一个企业的变革而言，组织成员对变革的理解度是尤为重要的，只有理解变革的步骤及变革的意义，员工才能响应企业的变革措施，才能在变革的时候，尽自己的一份力。

第九章　找到变革路径，打造变革目标的分解度

对于任何一个企业，变革都不是一蹴而就的，变革的目标也不是易于实现的。相反，每一个企业的变革都是一个相对漫长的过程，而根据人类的惰性分析，每个人对一件事情的热情的基本保持期限也只有很短的一段时间。

为了保持企业对变革的热情，对变革有足够的信心，企业应该把变革的目标进行细分，找到一条正确的变革途径，然后为漫长的变革道路寻找里程碑。

通过对目标的细分，使得企业的员工不仅能够时刻保持对变革的热情，同时让员工能够清晰地看到变革的进程，增强他们对变革成功的信心。

一个企业要想成功找到变革的路径，打造变革的分解度，需要努力的地方很多。

集中资源，打造变革团队

我们都知道变革的实质是对员工的变革，企业首先把变革的思想传达给每一位企业员工，加强他们对企业变革的认同感，然后再对变革进行明确的规划，确定一条清晰的变革路线。除了这些，还应该知道变革是由人参与的，人是变革中的主体，所以要想保证变革的成功，还应该着手打造一个精良的变革团队。

每一个企业都应该集中资源，打造一个精良的变革团队，这可以说是一种对人才的储备。员工就是企业的生命力，员工的能力大小和对企业的贡献度，是衡量变革成功的关键。作为一家企业需要考虑的问题是，如何在不动人的情况下，打造一支为变革服务的团队。

相信每一位企业的总裁都对“雁行理论”深有体会，在大雁的飞行过程中，每个大雁都在拍动翅膀飞行的同时，自觉地排成人字形，这个时候位于大雁后方的大雁群就会不停地发出鸣叫。如果发现有同伴受伤，就会有两只大雁自动的脱离群体，保护着这只受伤的大雁安全降落，直至它重回大雁的团队。

这就是大雁的团结精神，因为他们有共同的目标，有同生共死的信念，这种信念冲破了世俗的以利益为衡量基准的目标导向，因此大雁能形成一种团结互助、高效的团队。

对于一个企业，变革本身就是一种大胆的冒险，在这种情况下，如果没有一支精良的变革团队的参与，要想实现变革是极其困难的，同时也会加大变革的风险性，对变革造成一种毁灭性的打击。

明基集团在打造变革团队上，已经成为各企业在变革中对人力资源控制的榜样。企业领导在企业的经营过程中重视对人才的培养，让员工与时俱进，不断地更新自己的思想、知识和技能。同时还对变革人才的管理实行“选”“育”“用”“留”等方式，实现对变革人才的规范化、战略化和改造化，从根本上为变革做好人力资源的准备。

同时，企业还制定了基于“全员参与，职能分工，角色协同，个性定制”的企业管理制度，使每一位员工都对企业有归属感，把企业的荣辱和自身的使命联系在一起，一荣俱荣，一损俱损。

通过邮件、MSN、讨论等方式协同企业和员工之间的关系，提高了人

才的管理和利用效率，据此实现对企业的变革。

由此可见，打造一支精良的变革团队对企业变革有巨大的推动作用，变革团队不仅是执行变革的中坚力量，也是企业变革的“形象代表”。

智慧点拨

组建一支战斗力强的变革团队不仅能保证变革的顺利实施，也能为变革后的企业提供强大的人力资源。

建立变革领导机制

在当今这个时代，唯有不断地创新才能使企业立足，作为一个企业的领导人，应该调整自己的方向，带领企业走“与时俱进”“不断创新”的道路。

一个企业的总裁，在一家企业的地位如同家长在孩子心中的地位，是所有重大事情的决策者，也是企业经济命脉的掌控者。要想带领员工进行“开疆拓土”，积极为企业打造一片光辉灿烂的前景，就应该制定一个完善的变革领导机制，作为对变革管理者的参考，和对变革中的企业团队的智慧法则，带领企业的团队走一条正确的变革道路。

企业员工对变革的认识还不是很深入，对变革的实质也不是很清楚，对变革中将会出现的问题和解决问题的方法也是一无所知。所以要想保证企业的员工不至于让变革走上背道而驰的道路，就应该为员工在变革中制定一个行为准则，使每一个举着变革红旗的员工都能“有法可依，有章可循”。

因此，建立变革的领导机制在一个企业变革中充当着一个重要的部分。这份机制的作用就是为员工的变革行动指明方向，让员工清楚企业变革的目的和变革的重要性。

 **智慧点拨**

有效的变革领导机制还应该包括对员工精神方面的考虑和对员工行动能力上的探究，帮助员工减少与时代之间的差距，为变革提供技术上的支持和管理上的辅助。

授权让变革成为可能

总裁有时想自己控制所有变革的事情，觉得自己有处理事情的能力，但是成功不是一个人的事情，它需要有更多人的帮助。因此，企业的总裁需要时间进行学习和思考，学习该怎样将自己的权力分配，对自己的下属授权，让变革成为可能。

授权，顾名思义就是企业的总裁或是高级领导人，适当减少自己的工作权力，将这些权利划分，并分给不同层级的企业管理者，帮助自己管理整个企业。

自从 1974 年《哈佛商业评论》上刊登了一篇名为《谁背上了猴子》的文章之后，那些每天被烦琐的事情压得喘不过气来，直呼“老板不好当”的企业总裁开始适当地进行“减肥”，“削骨剔肉”般地将压在自己身上的权力和责任适当地分一些给自己的下属。

但是，目前看来，让总裁们和各级领导们背上的“猴子”回到下属的身上，似乎很困难。一方面企业的总裁总觉得自己身上的担子背得太多，太过沉重，严重影响了他们对事情更完善的处理，另一方面也不利于在一件事情上更好地发挥自己的实力。

在一家北京的大酒店里，一位顾客叫来服务员："这牛排太老了，口感不是很好。"服务员礼貌地听完他的话语后，平和地对他说："请您稍等，我再为您换一份。"然后他在征得客人的同意后，熟练地将牛排拿到厨房里，对厨房的工作人员说："十一号桌的牛排，再给他换一份更好的。"

在这个服务员对顾客反馈的问题解决的过程中，我们看到的是企业管理变革的思想，就是对每一位员工进行充分的授权，让员工面对顾客异议时能第一时间做出决断，提供让顾客满意的解决方案，而不是一层层地向上级请示，等获得批示后也早已经"人走茶凉"。

智慧点拨

赋予员工相应的权力，让员工遇到问题时能做出快速准确的反应，企业才会更好的发展前景。

确定变革中的里程碑

我们通常用里程碑描述意见重大意义的事情落实的标示，比如我们常说的新民主主义革命的胜利是新中国成立的里程碑。

变革是一个企业中的重大改革事件，变革的过程是艰辛且漫长的，我们无法掌握变革的具体进展，犹如在新中国成立的摸索中，永远不清楚革命还要进行多久。这种"无时间概念"的事情做起来就像是一夜未眠的上班族一样，无法聚焦地劳累着。

现在的企业在变革中面临着这样一种问题，他们急功近利的想看到自己的变革成果，但是变革的速度却总不能满足它们的期望，以至于他们经常在经过漫长的艰苦奋斗，孜孜不倦的探索，然而就在变革的金色果实只需要一转弯就能看到的时候，由于被拐角的蜿蜒曲折遮住视线，因此他们把变革的成果当作一种失败后的垃圾丢在墙角，在与结果只有一堵墙的位置处“及时”刹车，最终沦为变革市场上的 Loser，恼羞成怒地撤离竞争激烈的市场。

变革的过程实际上就是成果和速度的关系，变革的过程漫长且多变，企业必须调整自己的着重点，必须追求在变革过程中阶段变革的效果。因此，企业在进行变革的时候，应该为每个变革的过程进行分解，不断地确认变革过程中的里程碑。

站在学术的角度上谈论变革，我认为变革的效果是成果和速度的函数，只关注变革过程中的里程碑而忽视变革的速度，就会把关注的重心放在阶段性的过程中，使变革失去原本的意义。犹如一个扬言要登上山顶的人，却被山脚下的景色所吸引，走走停停，等到达山顶的时候，才发现山顶上已经站满了人。但是如果只追求速度而忽略过程的人，就会“急功近利”，致使整个变革计划失败。

现在一些“苹果”或是“小米”的忠实粉丝，都在高声谈论着苹果 6 和小米 4 的即将问世，并摩拳擦掌地向着新品散发着“血性”的光芒。

这就是当今市场下，“小米”和“苹果”的市场吸引力，对于这两家大型的电子产品的生产厂家而言，不断地对自己的产品进行更新，不断地对企业的技术进行变革，逐渐地把自己推上变革型的企业。

但他们的变革方向并不是盲目的，它们的变革过程中也不是顾此失彼的变革瞎子或是瘸子，他们在追求变革目标的同时不断地确认变革的里程碑，每一款新品的上市对他们来说都是变革的里程碑，都是值得他们引以为豪的变革中的小成就。

根据两家大型企业的变革分析我们知道，所有的变革并不只是追求一个结果，更需要是在变革过程中对变革成就的不断确认。

因此在变革的过程中应该确认变革的里程碑，然后根据里程碑的结果分析总结出变革的过程中企业出现的问题，根据这些问题的发展方向和来源评价变革的效果，最后进行变革信息的反馈。变革的成功也不是变革的终点，而是下一轮变革的起点，只有让企业不断地“动”起来，才能永葆活力。

智慧点拨

变革是一个漫长的时间过程，所以企业的总裁在拜年歌的时候，应该致力于为企业选择一条正确的变革道路，这是变革成功的关键。然后还要学会对变革的过程进行分解，对变革小目标达成时进行庆祝，增强变革的信心。

第十章　强化变革控制，反馈变革任务的执行度

在变革的实行过程中，最难的是对变革的控制，许多企业就是因为在变革的过程中，变革失控，才导致许多变革失败的惨剧。

面对历史带来的经验教训，告诫企业的变革领导者要加强对变革过程的控制，这样才能让变革按照规划进行。

在一些企业的变革过程中，总存在着一些浑水摸鱼的“伪变革者”。他们为了在企业领导者的面前表现自己是个变革的响应者，积极地用各种语言把自己包装成一个“真正的变革者”。但是他们却在领导看不到的地方，消极地变革，甚至培养一些变革的反对者干扰企业的变革。这样不仅会导致企业变革受阻，而且还会为企业带来直接的经济损失。

面对现在变革的企业存在的这些现象，企业的总裁应该强化对变革的控制，并积极地督促企业的员工定期反馈变革的任务，检测他们的变革执行进度。这样就在企业上下形成一种紧张的变革氛围，让员工都充分地投入到变革的工作中去。

对变革的控制

1. 重视变革的导向机制

解决制约企业科技创新和变革发展的不利因素，迫切需要一套深度优

化企业的体系、加快建立以确定企业在市场中的地位为导向的变革机制，是目前企业有效地控制变革，提高企业变革执行力的有效手段。

大部分现有企业都想通过变革改变自己在市场中的排名，于是变革逐渐演变成企业之间竞争的有效武器。但是变革并不是随随便便就能成功的，就像是吃惯了山珍海味的富家孩子，偶尔吃一顿街边小摊上的食物，消化系统就会明显地感到不适。

所以，变革也不是一朝一夕能够完成的。变革是对企业进行的一次改头换面的大手术，对企业动的每一刀都要经过深思熟虑，都要有依据。因此，企业要想成功变革首先应该重视变革的导向机制，这样在变革的时候，在脚步变得凌乱的时候，才有一个明文规定的行为指南作为参考。

2. 做好变革中的预算和资源分配

预算是指一个国家机关、团体和事业单位等对于未来一定时期内的收入和支出的计划。资源分配是指根据业务的需求，对企业共生的资源进行一种分类，是资源的需求和业务的要求达到一个良好的循环过程。

变革是一个企业摸着石头过河的过程，也是决定一个企业生死的过程，变革需要企业付出代价和牺牲才能换来长久的发展。但是变革不是随意地变革，需要企业在变革前根据自己的实力确定变革的方案，然后进行资源的分配。

预算是一个定量化的变革计划方案，用来协调和控制企业在变革的不同时期内资源的获得和分配。企业变革中的编制预算方案，可以说是企业的各部门原有的资源进行整合和统一，然后按照各部门变革中对资源的需求程度，进行资源再分配，并在实现企业变革的目标过程中，证明预算是可行的。

变革的战略执行离不开资源的基础，资源在一定程度上不仅仅成为企业各部门应对变革的保障，而且还是一种激励员工变革积极性的物质保障。

变革时，进行变革的预算是实施变革的第一步，然后进行资源的分配，最后企业根据分配的资源协调各部门的工作，使整个企业在这种有条不紊，和谐共生的变革指导下有控制地进行。

3. 加强变革的培训

一个企业要想在变革中搞出名堂，首先离不开企业硬件和软件的支持。

所谓的硬件就是员工的技能，如果一个企业的员工不具有接受和操作新科技的能力，那么变革就有名无实。

试想，把一辆宝马放在一个对驾车毫无概念的人面前，即使是宝马，对他来说，也不如一个两轮的自行车更实用。

变革是一个严肃的过程，他需要协同员工的思想，使它们理解变革的内涵，接受企业变革的文化。否则，他们理所应当的因为不了解或是了解得不具体，对变革衍生出一种负面的情绪，对企业、对员工都是有害无利的。

面对企业的这种变革之前的潜藏的“感染性病毒”，应该在变革时对员工进行教育和培训，通过讲座或是研讨会的方式让企业员工了解变革。并通过客观的举例说明，把变革的思想根植到每一位员工的内心，对他们进行思想上的洗礼，以达到企业上下团结一心只为变革的企业文化。

企业变革需要的不仅仅是具有变革思想的“变革人”，还需要具有变革所需要的相应的知识和技能的“变革专家”，需要中高层开展技能培训来填补员工对这些需求的空缺，为变革提供硬件上的支持。

因此一些企业要想保证变革的成功，应该在变革的过程中加强对员工的教育和培训工作，使员工在变革的过程中与时俱进地提升自己，保证变革中硬件与软件的需求都达到饱和状态，有力地发挥员工在变革中的重要作用。

4. 为变革定立新规

随着变革的进行，必定有一些规章制度已经不能满足企业目前的需求，迫使企业的总裁必须根据企业的发展不同时期，对企业进行不同的有关行为准则的调整，保证企业在变革过程中在制定和准则上与时俱进，加大总裁对变革中企业的控制力。

每一个企业的变革都会带来企业性质的变化，同时也会造成员工的流动，员工思想的交叉感染就会发现变革中企业的行为准则中出现的“疏忽”，而有些员工则会借助这些疏忽为所欲为，对企业变革造成不利的影响。

因此，一些敏感的总裁会察觉出企业员工的“不寻常”，然后根据他们的大胆行径，完善企业的规章制度，约束员工的行为，使员工“有的放矢”的空间变得狭小，约束员工行为，以达到企业的变革要求。

最近在网络上看到这样一篇博文，文章描述的是马云变脸立新规，为企业的员工重新制定一条新的规章制度，逆转部分企业员工的“嚣张”势头，保证企业的平稳发展。

作为阿里巴巴的“一把手”，马云如此大动干戈，与企业的员工通过邮件传输的方式直言不讳地与员工进行“真诚的沟通”。正是马云这一传奇的人物“外星式”的管理方案，正是这种为行为准则不断定立新规的管理方案，才能为企业那些在变革的气流熏蒸下的年轻人套上“枷锁”，不厌其烦地规范员工的行为准则。

中国电信在被中国移动按压下倔强的头颅之后，迅速地采取变革，为企业和员工都树立新的行为规范，保证变革过程中一切都按照要求的原则正常进行，如此，企业就能达成变革与行为准则的动态平衡，尽量减少变革中的漏洞。

根据以上两大行业的商业巨头的管理模式，我们可以清楚地看到在变革中，为行为准则树立新规的必要性。行为准则的及时调整不仅能让企业在变革中始终有一个相适宜的规范，还能让员工在这个新规的“标榜”下，主动地收敛自己的行为，调整自己的方向，减少企业变革过程中行走的弯路。

5. 评估结果与纠正偏差

变革是当今社会发展的一个热门话题，但是对变革结果的评估和纠正偏差在国内企业变革中并未多见。

事实上，变革类似于风险投资，每一种形式的变革都会对企业产生一定的威胁，所以，有些企业逐渐采用别的国家的变革办法，实现对变革进行结果评估，并对评估的结果中产生的变革偏差进行纠错，有计划地实现变革的成功。

评估结果顾名思义就是在变革之前根据变革的目的和变革的计划报告进行结果的分析与考评，从实际出发，本着实事求是的原则，根据企业的变革计划一步步地推出企业的变革结果。正是这些结果，当结果出现时对比自己的原有期望，然后从中找出出现偏差的原因，有方向地进行纠正。

企业对变革结果的评估，就是提前让自己看到变革的过程。但是所有的变革都不是一帆风顺的，变革的过程中会遇到很多困难的问题，这些都会为变革带来阻碍。

为了避免这些挫折出现的时候企业会措手不及，所以在变革之前企业需要有一个清晰的路线图，根据效果评估检测这份路线图是否符合自己的变革目标。如果目标存在偏差，就可以清楚地找到偏差的原因，然后动用自己的力量对变革纠错，这样就保证了变革的计划的严密性，也增强了变革的信心。

 **智慧点拨**

加强对变革过程的控制，保证变革按计划进行。

变革进程控制四要素

“我们需要一场变革”这几乎是近几年来，每一家企业都会在会议上强调的。变革并不是蜻蜓点水式地进行口头宣扬，发动变革也许就在一念之间，但是变革的过程却是十分艰难的，是需要企业有效地控制和艰难地改变才能完成的过程。

变革的进程是企业变革一个绝对关键的部分，许多被历史掩埋的变革失败的企业都是因为没有很好地控制变革的进程才酿成企业惨案。

通常，企业在变革的时候需要控制以下四个因素：

1. 掌握好变革的时间

变革不是一个简单的变化，它是一个从量变到质变的过程，这个过程通常需要很长的时间才能完成。因此，企业在变革时要结合企业的情况和变革的程度等一切条件，控制好变革的时间。

变革的时间太短，变革中需要注意的问题就不能很好地解决，给员工带来很大的压力的同时也会对变革的结果造成不好的影响。时间太长就会让员工产生一种倦怠感，甚至半途而废，企业不能严格要求自己的员工，使变革缺乏一种紧迫感，这些都不利于变革的进行。

2. 变革战略的控制

如果企业仅把变革当成一种游戏，追赶着其他企业变革的时尚，对变革实行浅尝辄止的战略目的，那么变革永远不会为企业带来积极意义，只会让员工在工作时感到忙乱和无序。

对变革战略的控制是变革的核心，我们都知道战略决定变革的高度，决定变革的结果。企业变革战略制定得越清晰，控制得越好，企业才能按照战略流程“优雅”地走好每一步，否则，变革就会失败。

3. 对危机的控制

人们常把危机比喻成大火，只有控制好火势，才能将它扑灭，减少损失。如果控制不好火势，就会起到助燃剂的作用，使火势愈演愈烈，最终以“燎原”之势造成无法预计的损失。

企业是由人组成的，只要有人就会有错误，只要有创新就会存在着风险，控制好这些危机，就如同拿着一个二氧化碳的灭火器对着火苗的根源，勇敢地进击，最终控制住火情，为企业带来“浴火重生”的美好。反之，则会被灾难吞没，成为又一个变革的牺牲者。

4. 对员工的控制

人一旦遇到改变，就会产生不一样的声音，这些声音会对企业接受外界信息造成一种干扰，甚至是一种屏蔽作用。而且，员工的情绪波动就像静止的湖面，虽然平静，但是经不起一丝的风吹草动，否则他们便会迅速地开启疯狂模式，肆无忌惮地表示自己的不满。

所以，在变革的过程中要控制好员工的情绪，对员工进行教育培训，或是通过奖惩的方式控制变革过程中员工的情绪。

智慧点拨

变革的过程是一个复杂的过程，也是变革中最难把控的一个环节，但它确实是变革中最重要、最关键的部分，只有控制好这一环节，才能理所当然地实现变革的成功。

第四部分

第一仗决定生死——如何让企业赢在变革

我们怎样才能保证变革的成功呢？这几乎是每一个总裁在变革前都受到困扰的问题。每个总裁都想让企业通过变革赢得市场地位，都想通过变革为企业带来更多的财富，但是，为实现这些“野心”，在变革中应该怎么做呢？

孙子兵法有云：“不打无准备之仗”，所以，我们在准备企业发动变革这场战役之前，应该首先了解变革，做好变革前的准备工作。这样，站在变革的面前，我们才能理直气壮地挑挑它的肩膀，大声地告诉它：“受死吧！”

人类有一个共同点，对待一个陌生的东西，往往充满了恐惧感，但当真正接触并了解之后，就会胆大妄为，随意地对它指手画脚。对变革也是如此，我们不清楚变革的情况下，人云亦云的把它当作企业中的“隐形杀手”，对其避而远之。

但是，逃避并不是解决问题的办法，变革是一场必然，这是企业之间的一种定律。要想赢得变革，关键看第一步，无论做什么事情第一步都非常关键，只有走稳第一步，才能让企业赢得变革。

赢在变革并不是一件难事，毕竟已经有很多的企业家达成了自己的愿望，成功地变革。变革成功的关键，看你为变革做了哪些准备，怎样在变革的第一步先发制敌，取得第一步的胜利，用这次的胜利和经验坚定你变革必胜的信心。

打好变革的第一仗，为企业赢得变革。

第十一章 打赢第一仗才能赢在变革

20 世纪 80 年代，风靡一时的摇滚歌手崔健曾经用一句“不是我不明白，这个世界变化太快”，道出了现代企业家的心声。

随着经济进入发展的快车道，同行业竞争对手的大量涌现，商品的同质化现象日益严重，加之大数据、4G、云技术的不断冲击，无论是世界企业还是中国企业，都在经历着企业经济发展的“严冬”，在这个“寒冷”气候的逼迫下，我们看到各企业的变革措施纷纷出台，企业流程再造、产业链的优化、企业的拆分和重组等，这些都成为企业变革的方式。但是，随着各大企业对变革的“钟爱”，企业如何在这个变革的时代，实现自己的华丽转身？

在 21 世纪的今天，“变革已经成为这个时代的哲学”，稳定发展的企业已经不复存在。但是在这个变革的时代中，仍有一大批企业因为变革而走向更加深不见底的深渊。

对于一个企业，要想迅速出击，赢得变革，首先应该在第一仗中发挥自己的优势，只有打赢第一仗，才能扎实变革的基础，只有打赢第一仗，才能赢得变革。

有胆有识，准备充分

变革不是盲目的，而是需要投入的。变革是带领一群人放弃今天的辉煌和成就，致力于打造更加美好的明天。

众所周知，每一条新路径的挖掘都不是一帆风顺的，路上必然会出现一些看似难以翻越的大石头，这就需要领导人有面对困难的勇气，有敢于向困难发动挑衅的胆量。当然，这胆量与勇气的来源，是建立在对变革充分了解的基础上，并清楚地知道变革会为企业带来怎样的结果，然后根据自己的理解和分析，做好变革前的准备工作，如此便可以带领一批精心挑选的优良部队向着变革前进。

在现代企业的发展过程中，的确有一些拥有变革智慧的企业家，他们懂得在变革之前积极地为企业做好变革的充分准备，并有勇有谋的带领一批变革的团队开疆扩土，因此成就了今天企业“霸主”的地位。

联想集团的创始人柳传志就是这样的一个变革人物。在联想刚刚成立之初，柳传志就为企业招募了一些有变革意识和变革才能的贤人。在联想成立之初，柳传志就亲自登门拜访倪光南，希望借助倪光南对科学技术的研发智慧帮助联想实现技术上的变革。

1986 年，倪光南带领着“联想汉卡”加盟柳传志，成为当时联想历史上第一个自主开发的产品。

1994—2001 年，随着联想企业在世界上取得稳步的发展，联想专门成立了负责 PC 的联想大微机事业部，并任命 29 岁的杨元庆主管，从此联想开始了对杨元庆的培养。

2001 年 4 月，杨元庆宣布了联想新世纪，以互联网为核心，以全面的客户导向为原则，以满足消费者的需求为目标的第一个三年规划，促进了联想消费 IT、手持设备、信息服务、企业 IT、IT 服务、部件合同制作六大业务平台的顺利开展，实现了联想业务多元化的变革。

在联想发展的不同阶段内，都会有不同的变革措施的实施，这些变革不仅使联想顺应了市场，赢得了市场，也使联想在正确的发展方向上不断

壮大了自己的规模。联想的今天，离不开联想一次次的变革，而变革的成功，又离不开柳传志有胆有识地对变革型人才的储备和培养。正是这些拥有变革能力的人才的加入，才能有今天的高科技生产大国——联想。

说到有胆有识的变革者，我们理所当然地想到理查德·布兰森。

理查德·布兰森在年幼的时候，他所在学校的校长就这么评价他："你将来不是囚犯，就是百万富翁！"

理查德·布兰森最终成为后者。

布兰森17岁的时候，他拿着母亲所给的4英镑，与一个朋友在半间地下室里创办了一份面向年轻人的《学生》杂志。

几年后，《学生》面临困境，布兰森突发奇想，决定在杂志的封面做广告，低价邮售音乐带。由于当时的英国专卖店的音乐带的销售价格非常昂贵，他的创举因此引起了商家极大的认同，订单源源不断地寄来。

不久，布兰森在英国各地开设了数家维珍音带连锁店，并成立了一间音带录音工作室。第二年，首张录制的迈克·奥德菲尔德的《管钟》专辑一炮走红，并吸引了菲尔·柯林斯、博伊·乔治等大牌明星和乐队纷纷与之签约。

维珍音带品牌的推出成为布兰森成功的第一步。

但是当维珍在英国取得巨大成功的时候，布兰森却放弃了，转而把目光盯在航空业。当时，它的朋友都认为他是疯了，因为在当时，英国的几大有名的航空公司都已经达到了市场饱和，布兰森想要从中分一杯羹简直是难如登天。

但是布兰森并没有听朋友的劝阻，凭借自己租来的客机和"让旅客花最少的钱，享受最高尚的服务"的理念，进军航空运输事业。

布兰森这种大胆的变革的决定，其结果就是，维珍成为英国最大的私人公司之一。

从布兰森的成功中我们可以看出，只有有胆有识，大胆变革才能站在别人的前面，否则只能跟在他人后面吃一些“残羹冷炙”。但是布兰森的变革不是盲目逐利的，而是建立在充分的调查和准备的基础之上，他在表面看似饱和的市场中找到了缺口，找到了消费者的需求，以自己独特的理念和方式占据了一席之地。

但是，现在的一些企业的总裁在听到外界有关变革的风吹草动的时候，习惯性地堵住耳朵，遮住眼睛，自欺欺人地告诉自己和员工：“我们不需要变革，那些都是没有实力的企业的摸爬滚打。”

然而，事实真的是这样吗？现在的企业没有一家可以越过变革的鸿沟，那些自欺欺人的企业总裁，无非是以掩耳盗铃的方式来掩饰自己的懦弱和对变革的恐惧。这样的企业只能眼睁睁地看着自己被社会淘汰，他们是一个时代真正的失败者，他们不战而退，在变革尚未开始之前就已经缴械投降。这对于一个企业来说，不是明智的选择，而是一种惨不忍睹的懦弱。

坦白地说，有胆有识，为变革做好充分的准备，是变革的第一步，也是为以后深入的变革提供坚实的基础，为后期战斗提供强大的后方支援，只有打赢变革的第一仗才能赢得变革的胜利。

员工养成了对总裁和企业高层领导的认同感和依赖感，只要他们拥有变革的勇气和胆量，员工自然而然地也能按照总裁的要求修炼自己。这种正能量的传播速度是惊人的，他们会通过感染和接收命令的方式培养自己对变革的胆识，调整自己的状态，准备好变革时会用到的知识和技能，使企业上下团结一心，共同面对变革。

多年来，笔者接触了不少变革成功的企业，他们的总裁对变革都有一种“即使是大山也要撼动”的胆识。他们清楚地知道变革将会为企业带来的利益，深入分析变革计划中资源的需求，有计划、有准备地进行变革。

物质基础决定上层建筑，相信每一个人对这个道理都不陌生。胆识、

勇气、理解、准备就是变革的基础，这些条件就是企业变革所需要的资源，只有拥有这些资源，企业才能打好变革的根基，在第一步上赢得变革。

但是，怎样才能让企业拥有变革的第一桶金呢?

1. 认清局势

一个人最大的成就莫过于清楚地知道自己所处的位置，有自知之明。在这个变革的时代，企业不要抬高自己的姿态，傲慢地以为自己是一家有实力的企业，不需要通过这种“庸俗”的方式与其他的企业一起争先恐后地向上攀登，因为他们觉得自己已经处在一个高度。

可是在这个竞争残酷的企业市场的格局下，你追我赶的长跑比赛模式依然是企业之间在市场上的游戏。落后就要挨打，落后就要面临被淘汰，这一惨痛的历史经验，早在原始社会就已经被人们所熟知，而作为一个现代人，又怎能纵容自己，忽略当前的局势，蒙着眼睛看世界呢?

2. 了解变革

对一家企业来说，变革是企业生存发展的必要手段之一。知己知彼，方能百战百胜，因此对一个变革的企业，首先应该了解变革，清楚地知道变革中应该遇到的阻碍，然后树立变革的信心和应对变革阻碍的勇气，只有这样才能在思想上赢得变革。

3. 各方面的协调

变革虽说是总裁一个人所能决定的，但是变革的过程却是需要整个企业参与的。打仗的时候，最重要的是人力和粮草，以及作战计划的准备，只有具备这些，才能带领一支骁勇善战的军队，赢得战斗的胜利。

企业在变革之前，同样也需要做好变革的计划，然后根据计划这张清单上的要求，准备“粮草”和“武器”，保证变革的顺利完成。

 **智慧点拨**

有胆有识，才能看到常人看不到的领域；有充足的准备，才能在做事情的时候得心应手。变革中需要的不仅仅是对变革的雄心，更需要的是变革的胆识，和变革之前的准备。

明确方向，放缓速度

在世界日益走向“全球化”的今天，企业为了适应社会的发展，不得不逼着自己调整变革的方向，放慢变革的速度，努力地贴近市场。

目前有很多企业没有清晰的变革目标，总裁们只是站在变革的时代前沿，嚷嚷着自己要与时俱进。于是看到别人变革的时候，迫不及待地采取措施，千方百计地把自己包装成一个“变革人”。但是，他却没有意识到变革就像投篮一样，需要有一个方向，要秉着对企业认真负责的态度，清楚地知道它不是一场“说走就走”的旅行。

除此之外，有的企业在变革的过程中表现出一种“迫切”的状态，害怕别的企业跑在自己的前面，所以在变革的时候只顾追求速度。但是，一切急于求成的运行方式，往往会导致结果背离了初衷。

变革就像是一场旅行，没有目的只会让自己越绕越远，在陌生接踵而至的环境中迷失自己，像一个流浪者一样，漫无目的地游荡在世界的各个角落，永远不知道自己想要抵达哪个城市。

我们现在所看到的三星集团，能走上今天的地位，背后也离不开李健熙带领三星集团的一次又一次的变革。

现在的三星，是亚洲企业发展的新奇迹，这家成立于1938年的韩国家族企业，用了70多年的时间，花费了三代人的努力，终于从贩卖鱼干、蔬菜和水果的小商铺，成长为世界级、规模巨大的高科技企业集团。

但是，三星能成长到今天这样的地位，并不是一帆风顺的。20世纪90年代，伴随着三星经营业务的快速拓展，企业的业务逐渐呈现多元化，随之而来的“大企业病”，及企业的运作效率不高，企业的经营业绩重数量轻质量、重结果轻过程。李健熙在上任的时候就看到了企业中存在的这些不足。

在这种环境的影响下，1993年，李健熙发动了三星历史上前所未有的大变革，并明确了变革的方向和过程。

首先，在对思想观念进行变革的方面，李健熙强调思想变革的方向是建立健全的危机意识，因此，李健熙发动企业的员工举行了三次产品对比大会，向高管明示与世界水平的差距。在这次对员工的思想观念变革的过程中，李健熙强调要放慢变革的过程，但要求每一个员工都参与到变革中去，要求全体员工都必须以健全的危机意识为主导，不断地接受新环境的挑战，不断地创新。

其次，在变革的目标方面，李健熙明确表示三星的变革方向是全球的一流企业。李健熙改变了上下班的时间，把原来的朝八晚五的工作时间，改成朝七晚四，这样就在心理方面唤醒了员工的改变意识。

最后，在变革的步骤方面，李健熙首先要求所有的高层“从现在开始变起，从我开始变起，一步一个脚印地进行变革。”

在这一系列有明确的方向和详细步骤的缓慢变革进程中，三星变革的企业文化和推广工作做得很细，让企业的员工们都详细掌握了变革的方向和精髓，让每一个员工都真心投入参与到变革中去，在整个企业的共同努力下，三星终于完成了企业的变革，成为亚洲企业的一个传奇。

三星的变革方式使我们认识到，在变革中，我们不应该只重视结果而忽视过程，只重视速度而忽视效果。李健熙认识到企业的变革是一场持久战，因此明确了稳扎稳打、步步为营的变革方针，变革速度慢一点没关系，但是每一个步骤都要落到实处，认真贯彻。在他的带领下，三星完成了华丽大转身，成为了亚洲乃至世界上都名气响亮的大企业。

所以，在变革之前要为企业确定一个清晰的目标，让其在茫茫的奔途中为自己找到前进的方向，同时也为辛勤的付出寻找落脚点，寻找精神上的寄托。因为能看到希望，所以在行走的过程中，即使再怎么艰难，也不允许自己失望。

另外，变革是一个过程，是一个时间上的延伸，因此在这个过程上我们不要心急，一步一步来。变革中有许多难以控制的变量，所以在变革的过程中，我们每走一步都要经过严格的检测和审视才能最终确认。太心急地追求变革结果只会顾此失彼，导致“欲速则不达”。

招商银行就是坚持在变革的过程中放慢自己的脚步，坚定地走好每一步的最好例子，最终在变革中取得胜利，为招商银行在金融业揽下一块明灿灿的金字招牌。

2002 年 4 月 9 日，经过多年来艰持不懈的努力，招商银行完全按照国际会计标准审计，在国内 A 股上市成功，这是招商银行的又一个里程碑。

在招商银行的上市挂牌仪式上，行长马蔚华提出：“力创股市蓝筹，打造百年招银。”这句话中蕴含着招商银行将进行整个经营理念和战略的变革：为铸造中国民族银行业精品，宁可降低速度也要重视质量，向“打造股市蓝筹，塑造百年招银”的目标转变，并在变革的过程中，强调追求质量、效益和规模的协调发展。

行长马蔚华强调，招商银行的上市，明确了招商银行必须与国际惯例接轨，迅速缩小与国际银行之间的差距，就要在治理结构、管理模式、服

务手段等方面进行变革。

为了防止企业在变革的过程中一味地追求速度，模糊了变革的目标和方向，2003 年，马蔚华提出在变革的过程中一定要时刻明确变革的方向，在变革的过程中要处理好管理与发展、质量与速度、员工利益与客户利益、长期利益与短期利益之间的关系。

通过招商银行变革成功的事例分析，我们可以清楚地看出，若想在变革中取得成功，关键要设立变革的目标，调整自己的变革速度，做到张弛有度、收放自如。根据变革方向制定策略，在变革过程中全面兼顾，这样才能够保证变革稳定的发展，达到理想的变革效果。

英国有句谚语："对于一艘没有方向的船来说，任何风向的风都是逆风。"所以，企业变革不能有随意性，要有准确的方向。变革的时候不要像失去了遥控的小车一样到处乱跑，到处乱撞，即使粉身碎骨也难以到达理想的目的地。

在变革之前，企业应该做的是根据企业的情况和对市场的分析，拟订一个清晰的变革计划。为企业的变革画一个清晰的路线图，确定成功的坐标，这样在变革的过程中才能有一个可以参考的流程，使变革按照期望，一步步进行。

中国有句俗话："心急吃不了热豆腐。"如果一个企业对变革过于急切，就会对外界暴露出企业的生存危机，同时也不利于对变革过程的控制，对变革的分析也不完善。这样导致变革过程中会存在许多的潜藏病毒，它们会在时机出现的时候迅速地暴露自己，以地毯式的入侵方式吞噬着企业的生命，最终导致企业的惨败。

所以，企业在变革的时候，不要过分关注结果。把变革分为许多不同的阶段，对每一个阶段进行具体的时间规划，保证每一个阶段都有充足的时间完成。这样不仅对变革过程进行细分，保证变革有条不紊地进行，同时还能让总裁及员工清楚地看到变革进行的状态，对员工有一个很好的激励作用。

智慧点拨

一切事情的成败都是有目标和时间把控的，没有清晰的方向和充足的时间，任何事情都不可能出色地完成。明确变革方向，控制变革速度，是成功变革的前提条件。

以人为本，转变观念

每一个商人都是坚持以利益为本，把利益作为企业追求的第一位，这对于任何企业的总裁来说都是一件理所当然的事情。毕竟企业运作的根本目的就是为企业谋求利益，否则一个企业就失去了存在的价值。这点没有人可以否认。

但是，目前经济的发展不断提升，员工的需求也不断地顺着马斯洛需求层次的标杆不停地向上攀登。

目前出现企业人员的流动的现象，不得不在总裁灵魂深处敲响警钟，尤其是在人才缺乏，加之企业正处在变革的动荡时期。因此企业需要转变以利益为本的经营理念，重新树立以人为本的观念。

作为一个企业的总裁，你需要清楚的是，员工首先是我们变革发展的主体、力量的源泉，同时又是企业发动变革的响应者和承担者。如果没有他们的参与，没有他们的拥护，企业所有的变革思想和变革的行动都会付诸东流。

如果因为利益而丢了企业的主体，仅仅把他们作为你的命令接收者，或是把他们当作拿钱做事的“下人”。那很可惜，这次变革你不会取得成

功；相反，你还会输得很惨。

一个总裁，如果连自己的员工都丢弃了，那就完全倒退到封建社会和阶级社会的“官本位”的思想，但是现在是社会主义社会，员工不会陪你玩穿越的游戏。

所以，那些变革成功的企业，那些具有变革智慧的总裁，总是在变革的过程中坚持以人为本的思想，这样才能在变革的过程中，使企业的员工达成变革的共识。

易才集团的总裁王浩说过：“易才的员工不是变革的成本，而是变革的资本。”一个卓越的企业离不开卓越人才的支撑。

在易才的变革过程中，秉承以人为本的理念，激励员工不断创新，不断丰富自己的知识，共同为变革中的企业而奋斗。在易才每一次发动变革之前，都会建立一个开放性的平台，让员工发表自己对变革的看法和意见，确保员工的诉求得到有效保障。

在每一次变革的前夕，易才都会做好与员工的沟通工作，首先就是总裁的百人访谈，易才集团的总裁李浩与人力资源部、公司的部分新老员工，开展百人访谈项目。通过总裁与员工之间的零距离沟通，为员工解决变革中存在的疑问和顾虑，促进员工变革意识的达成。

然后就是企业对变革员工的培训工作。据业内人士表明，易才每年用于员工培训的费用已经达到310万，累积培训14731.5个小时，人均培训达到10小时。

易才集团在每一次的变革中都能取得不错的成绩，主要是基于变革之前的沟通和培训工作，从思想上和能力上，充分为员工解决了变革中存在的难题，使得全体员工人人愿变革，人人会变革。这种以人为本的变革理念，不仅增强了企业的战斗力和凝聚力，也提高了企业在市场上的声誉。

员工是一个企业的变革主导者，也是变革的执行者，离开员工的参与，变革就无从谈起。现在，越来越多的企业认识到“以人为本”的理念在变革中的重要作用，阿里巴巴的成功变革也离不开员工的推动。

阿里巴巴的员工现在已经获得“最受人羡慕的员工”头衔，人们都知道马云对人才的重视，他主张以人为本的企业观念。阿里尊敬每一位员工，让每一位员工在阿里都有主人翁的感觉。所以每一次变革，他都要求自己的员工参与到企业的变革中去，这样不仅让每一位员工都积极地为变革做贡献，而且让每一位员工都绞尽脑汁地为变革出谋划策。

正是因为这种以人为本的观念，才使得员工觉得自己对企业有一份使命感。这份使命感让他们在企业的变革中有一个共同的目标，团结一致，共同为了这份共同的目标努力奋斗，达成企业变革的目的。

因此，阿里才有今天的声势浩大的团队，才有今天最大的电子商务服务平台——阿里巴巴。

通过阿里的案例我们可以清楚地看到在变革中以人为本观念的重要作用。为了实现变革的胜利，首先应该转变思想，坚持以人为本的观念，培养员工的主人翁意识，形成“企业为人人，人人为企业”的文化思想氛围。这样才能在变革中发挥员工的最大作用，使企业上下团结一心，为了一个共同的目标奋斗。

事实上，员工是一个企业发展的必不可缺少的群体，在变革时期，企业的总裁更应该坚持以人为本的观念，让员工主动参与到变革中去。为此，企业应该做到以下几点。

1. 凡事从员工利益出发

员工是企业变革的幕后主导者，他们所关注的是自己的利益，因为他

们在企业的根本目的就是为自己赚取更多的物质基础。

让员工体会变革将会为自己带来的经济上的变化，让他们清楚地知道企业变革的目的之一就是为他们的利益做基础。如此，他们就会把企业的利益与自己的利益挂钩，在实现自己利益的同时带动企业的变革与发展。

2. 为员工提供福利

变革是企业辛苦的转型期，变革过程中对员工的要求和员工的工作量上面都会有不同层次的提高。所以，在这个时期员工最容易出现消极的情绪，当这种消极的情绪无限蔓延的时候就会威胁企业变革的成功，甚至是企业的命运。

所以在这个时期，企业应该为员工提供更多的福利，以此作为提高员工变革积极性的一种激励方式。

3. 对员工进行思想上的教育和知识技能的培训

每一个人在打破旧事物接受新事物的时候，都会出现一段时间的不适应，这是关键的过渡期。

在这个时期如果企业没有采取任何措施，任由这种不适应发展的话，员工就会对变革丧失信心，怀疑自己的实力。这种消极的情绪在一定程度上也会影响变革的进程，因此，企业应该对员工进行培训和教育，让员工的知识和技能适应变革的需要，保证员工在变革中与时俱进，不断地完善变革。

智慧点拨

总裁应该清楚“人”是变革中一个重要的因素，在这个求贤若渴的企业发展时期，应该把“以人为本”的观念纳入变革的思想中去，这样才能保证变革的成功，为企业赢得变革。

根据秩序，调整利益

我们为什么会变革？无非就是为了能让企业继续生存下去，并能在继续生存下去的同时创造更多的利益。

但是利益总是存在着冲突的，有得必有失，真正的取舍来自于你对利益秩序的调整，在不同时期调整自己的关注点，保证利益的最大化。

我们常说，“鱼和熊掌不可兼得”这个道理我们每个人都懂，但是该选鱼还是该选熊掌，必须经过我们的中枢神经和发达的大脑皮层仔细琢磨之后，最终确认该时段两者哪个为自己带来更多的利益，有了利益的调整，才能方便我们的取舍。

在全球经济一体化的国际形势下，其最大的经济一体化就是个人与企业实现一体化。这也就表明，企业在进行变革的时候要根据变革的过程中将会牵扯到的不同的利益群体，调整变革的利益秩序，这样才能更加明确变革的目的。

作为连接消费者与经营者之间桥梁的BMC，其模式的变革就是为广大的消费者打造了一个支点，提供了一个从经营到消费和参与利润再分配的机会。

据悉，BMC商城对模式进行变革，将网站与消费者、机构与终端、企业与加盟商，根据不同的需求进行有机的结合，形成利益的互动，打造一个互利共赢的平台。

这种模式的变革通过把利益相关的商务大厦的平台整合到一起，然后利用不同空间提供信息的方式把平台的资源、数据、服务全部分散给所有的网民和消费者，并将大平台所产生的商品利润按劳分配给所有人，实现

资源共享、利润共享，这样的利益调整方式就有利于企业长远利益的建立。

BMC商城还推出会员制度，作为商城的会员可以享受商城提供的数千种低折扣的品牌商品，同时给予消费者积分返利，真心实意地为消费者省钱，把消费者的利益放在变革的第一位。

BMC变革的核心，就是兼顾各方利益，拉近了终端企业和消费者之间的距离，使企业成为了真正的“黏合剂”。变革后的BMC，不仅显得独具特色，也赢得了上下游客户的良好口碑，为以后商城更好的发展提供了机会。

其实，变革成功为企业带来的收益是极其可观的，根据秩序，调整利益的变革策略，再加上变革的思维作为翅膀，是每一个变革管理者不断腾飞的有效渠道。

在变革中难免因为新旧事物的交替，出现很多利益冲突的问题，比如，如果选择引进先进的设备，就预示着旧的设备会遭到浪费，新技术可以提升企业的生产质量，为企业创造更多的价值。但是旧设备同样可以创造价值，而且翻新设备还需要大量资金的投入。

但是，旧的设备创造的财富只能停留在一个层面，是眼前的利益。而新设备创造的财富在未来，所以一些善于调整利益秩序的企业，毫不犹豫地选择保留后者，舍弃前者的利益。

投资管理学是一门重要的金融学，也是一门最擅长根据利益，调整秩序的学科。当一个投手在为企业进行投资评估时，就是因为他能够站在市场的角度分析投资过程中会出现的利益，然后根据这些利益的轻重做一个排列。

当这样的排列出现后，利益冲突就不会存在，因为每一个大脑正常的人都会选择长远利益，都会选择更大的利益。所以，人们就能理所当然的从中找出投资的意义，正确地确定投资的方向。

在变革中也是如此，一个企业必定牵涉着各方面的利益，这些利益之间的冲突总让变革中的企业不停地面临着取舍，不停地忍痛割爱。因为两个利益之间一旦存在冲突，就必定有一个应该舍弃，“一山容不得二虎”，求同存异一直是业内的生存法则。

对于一个变革中的企业来说，调整利益应该根据以下几个原则。

1. 长远的原则

企业通过变革寻求更长远的发展，当眼前利益和长远利益产生冲突的时候，应该选择长远利益。

眼前利益是一个时间点，当时间延长的时候，它必定气数已尽，难以恭候企业长远的发展。而长远利益，是一个时间线，它是可以无限延长的，不论企业处在什么时期，它总能够让企业获得利益，保证企业永垂不朽。

2. 大小的原则

每个人都知道利益有大有小，而聪明的人类总是能够在这两个反义形容词的比较中，理性地选择保留大的利益。

利益就是企业的剩余价值，对于这种利益的苛求，每一个企业都是“贪得无厌”的。每一个总裁都有一颗可以无限膨胀的野心，他们利用这种“贪婪”的心理，为企业舍弃小利益，保留一些能象征性地满足自己野心的大利益。

3. 轻重的原则

变革是一个打破、创新的过程，这个过程需要总裁带领企业的员工理性地对待，仔细地分析问题，找准利益的着重点，只有抓住这些，才能激

发员工变革的激情，保证变革的顺利进行。

员工利益与企业的利益是一项难以取舍的比较，企业是由员工组成的，没有员工，企业所有的业务和操作都会陷入中断。员工是企业的灵魂，当面临这种选择的时候，我们应该抓住员工的利益，通过他们为企业创造更多的利益。

总而言之，利益的取舍并不是想当然的，而是根据利益的先后次序进行的一种不定项的选择题，也是保证变革成功的关键。

智慧点拨

利益是企业变革的根本，是企业追求的目标，但是利益之间却是存在冲突的，而总裁应该做的就是利用以上三种原则，根据利益的秩序，对企业变革中的利益进行取舍，使变革与企业达到共生。

赢得认同，获得支持

不论企业处在什么时期，企业都需要有效的管理，但在当前这种大市场经济的影响下，企业更需要的是不断的创新和变革，需要一批了解变革，主张变革的领导人向企业发起变革的通知。

这个有关变革的通知，并不是口头上的通告，它需要各级员工放下手头的工作，转换自己的大脑，把变革的思想输入神经中枢，然后坚定地顶着变革的大旗，积极响应领导的号召。

换句话说，只有企业的变革思想得到员工的认同，获得员工的支持，才能最终由书面上的宣传走入现实，走到企业的发展中去。

任何一个企业若想在变革中取得胜利，都不应该忽视两个导致变革胜利的重要因素，一个是企业总裁对变革的正确领导，另一个就是员工对领导所作决定的认可程度。作为一个企业的总裁，只有在变革的时候把握好这两点，才能打赢变革的第一步。

在郭士纳对 IBM 的变革过程中，就是秉承着这两点，最后才使得 IBM 扭亏为盈，保住了 IBM 的社会地位。

20 世纪 90 年代的 IBM，作为高科技致富的世界老大，狂妄地将一切都不放在眼里。那个时候 IBM 的管理者认为：“无论我们生产什么，都能卖得出去，而且是畅销。”

所以，当 IBM 的危机出现了之后，他们还没能摆脱这种狂妄自大的念头，结果，IBM 出现了大幅度的亏损，许多质量上乘的好产品都出现了滞销。

在这种形式下，董事会才认识到，现在的市场不是企业说了算，而是市场、客户说了算！客户认可的是他们需要的产品，而不是企业生产的产品。于是，董事会决定由不是 IT 背景出身的郭士纳来担任 IBM 的总裁，带领企业摆脱这种亏损的局面。

企业处于这种形势下，企业总裁的变革能力相当重要。但是郭士纳最初是做饼干出身的，所以企业的员工对他领导的企业变革都不敢苟同，甚至充满了嘲笑。

这个时候，郭士纳没有对这种嘲笑和不认可打倒，反而是信心大增。郭士纳觉得，企业变革的第一步应该是确立一个令人兴奋的、共同的变革愿景，这也是企业变革最关键的一步。变革不仅仅是让员工理解，更需要一个共同的梦想，这样才能形成一个强大的变革共识和内驱力。

郭士纳说：“要想形成一个共同的变革愿景，首先应该让员工清楚我们现在的处境是什么？我们面对的威胁与机会是什么？我们为什么要进行这场变革？”为了让员工能理解，郭士纳积极地召开全体会议，与员工进行关于变革的沟通，因为郭士纳觉得，只有充分的沟通、充分的反馈，才

能让员工理解这场变革，从而拥护变革。

在郭士纳的努力下，终于在企业上下达成了共同的变革愿景，员工也都积极地投身到企业的变革工作中去。

IBM的郭士纳，就非常理解“赢得变革认同，获得支持”这一点，所以，在变革的过程中，他没有被员工一开始的冷嘲热讽所打倒，也没有采用高压政策，而是要求咨询团队和变革委员会一定要让员工参与进来，共创愿景，共创未来。最终，郭士纳从理性和情感两方面的真诚沟通获得了员工的认可，在他的领导下，IBM进行的市场导向型变革圆满成功，使IBM完成了一个史上最为著名的企业大蜕变。

郭士纳变革成功的案例鼓舞着许多企业的变革领导者。除了郭士纳之外，撰写了《华为的冬天》这一让企业震惊的大作的任正非，也是新时代当之无愧的智慧变革者。

华为的总裁任正非对企业的员工说：“你们是否考虑过，如果有一天，公司的销售额下降、利润下滑甚至会破产，我们怎么办?”任正非这样的一番话会引起全体员工的危机意识，在这种危机的困扰中，他们为了保住自己在企业中的地位，就会自然而然地想到改变，改变这种华为即将迎来冬天的局面。

任正非之所以会这样说，是因为他看到目前企业的员工太过于安逸，并且盲目乐观，没有危机意识，变革的意识也不强烈。为了激发员工的变革意识，提高员工对企业变革的认同度，任正非采取了危机管理的方式来改变员工这种消极变革的心理。

2011年10月29日，当华为以集团的名义高调发布了云计算战略，并启动“云帆计划2011”的变革之后，华为的总裁任正非正式对外发言，华为要在云平台方面用不太长的时间赶上并超越思科，在云业务上叫板谷歌。

华为掀起的关于云计算变革的背后，拥有一个实力强大的变革军团——华为的全体员工。华为这次变革的成功，也正是因为华为集团的总裁任正非能够充分地利用危机管理，激发员工变革的共同愿景，使员工在变革的态度上达成一致，众志成城，为了摆脱华为即将到来的冬天而努力。

通过 IBM 和华为的变革，可以看到，要想在变革中赢得员工的认同，获得员工的支持，首先应该做好跟员工之间有关变革的沟通。

沟通是一门艺术，它在某种程度上可以把自己的思想通过这门艺术的加工，传递给其他的人，并得到肯定。这样就避免了误会的产生，和认识上的不同而产生的偏差，从根本上解决变革的阻力。

其实有些时候员工反对变革，并不是他们觉得变革会为企业带来损害，而是他们没有更进一步的了解变革，对变革产生的条件和变革的走向都不清楚。因此，他们才会抱着旧的东西不愿释怀，一旦他们知道变革将会为自己带来的利益，将会为企业带来的发展，他们便会积极主动地拥抱变革。

所以，有些企业中出现领导主张变革，员工却在某一程度上阻碍变革进行或是对变革过程中消极怠工，主要是因为企业的总裁在进行变革的时候，只关注到高级的领导层，却忽略了与其他层级的员工进行沟通，导致对变革信息的理解中断。

据此，企业的总裁应该主动起来，与员工进行充分的变革信息沟通，使企业每一个参加变革的员工都对变革有充分的理解，这样他们在变革的时候就能准确地把握变革的方向，清楚地了解变革的进程。

因此，在企业变革中，应该重视沟通艺术的培养，并把这门艺术运用到企业变革中去。

1. 承认“沟”的存在

企业中的每一个层级员工之间都会存在着认识上的差别，存在着对变革认识上的分歧，这是必然的。作为一个领导首先应该承认这种不同地位，不同思想所带来的对变革不同程度的理解，针对这种分歧，企业要正确地处理。

沟通是最好的处理方法，以沟通化解分歧，与下属沟通，求同存异，共同为了某一个目标而努力，这是企业赢得变革的首要条件。

2. 换位思考是赢得员工认同的有效途径

作为一名高高在上的总裁或是领导者，在与下属沟通的时候一定不要忘记彼此之间地位的差异，不同的地位思考方式也就会有所不同。

企业领导在与下属沟通的时候一定要学会换位思考的方法，设想怎样的沟通方式，怎样的语言表达才能让下属明白自己的意思，从而达成下属对变革的认同，使他们自觉地、积极地实现变革。

3. 人格魅力是沟通的条件和保证

不论是企业的总裁，还是企业的领导者，都在企业中存在着一定的领导力，在下属之间存在着一种感染力、号召力。许多企业的领导再发动各种活动或是命令的时候都是以这种人格魅力感染企业员工，使员工积极参与到活动中去的。

4. 有协调能力

企业是一个大家庭，变革过程中难免会出现不必要的矛盾，这时候企业领导需要发挥自己的实力，协调企业的关系，在不同的场合，发挥不同的作用，帮助企业内部良好的人际关系的建立。良好的内部环境是保证变革成功的基础。

要让员工心甘情愿地接受变革，主动地为变革贡献自己的力量，首先企业要赢得员工对变革的认同感，主动参与到变革中去，以实际行动支持变革，使企业上下为了共同的目标奋斗。

转变角色，推进变革

据调查显示，全球有1500名总裁认为企业正面临着业务环境复杂性增加的问题，这种复杂的情形让他们看到渐进式的变革方式已经不能满足日益严峻的竞争市场的需要，也让他们清楚地意识到企业要想成功，必须转变当前的角色，推进变革。

一些企业变革的失败，也给许多CEO提供了变革的启示，他们在帮助企业制定愿景和变革战略方面扮演着重要的角色。为了向企业员工展示自己独特的变革领导力，他们应该放下CEO的身段，亲自参与变革，在变革中扮演着一种指导和监督的角色，这样企业才能让员工有一份值得依靠的指标，总裁才能在变革中起到带头作用，让员工积极地投身到变革中去。

除此之外，总裁通过对变革的部署和参与，能清楚地了解变革的进程，凭借着对变革的敏感度，能够准确修复变革中存在的隐患和困难，这样就能在第一时间掌握企业的变革方向，及时解决变革中存在的问题，保证变革的顺利进行。

再者，总裁通过身临其境的变革可以更深入地洞察客户的需求和变革中需要协作的环境，还可以改善客户关系，加深企业员工与总裁以及企业高层之间的互动。

为了构建灵活、高效的企业变革模式，提高新业务的适用度，要求企业的总裁必须深入到每一个时期的变革中去。理解员工在变革中的心情，灵活掌握每一个变革步骤，可以帮助总裁成为企业变革转型的推进者。

变革的思想是一个自上而下的过程，首先要求企业的最高统治者要有变革的意识和变革的决心，然后以瀑布式的传播让变革的思想流向每一位员工。

但是，变革对于企业的员工而言，本身就是一个陌生的词汇，在质变和量变同时作用下，企业的员工难免会觉得没有方向，同时对变革也充满畏惧。所以在这个关键时期，需要企业的总裁脱下西服，走入到变革中去，带领企业一步步地前行。

我们常说："饱汉不知饿汉饥""站着说话不腰疼"，这些俗语正是对那些无法身临其境却指手画脚的人一种评价。当你位居高位，每天在报表上或是通过战略来观察变革进程或者是通过简单的文字说明来勾勒变革流程时，通常会出现一种南辕北辙的现象。

因此，总裁在变革中除了关注变革运营之外，还需要转变自己的角色，由一个变革的决策者转变成一个变革的指挥者和参与者。

在 2012 年，雷军成为百度热搜红人榜中的人物，因为随着小米这一新兴手机的迅速兴起，把小米背后的创始人雷军推上了中国企业家的巅峰。

关注小米的人都知道，小米的发展过程其实就是一个不断变革，不断创新的过程。从 2010 年，小米科技推出的小米 1 开始，四年多的时间内，小米对产品的变革，已经从传统的小米 1 到小米 2、小米 2S、红米、红米 Note、小米 3、小米 4 等，这些产品的变革成功，使得小米超过诺基亚和摩托罗拉，在三星、苹果、华为等一些手机的夹击中，冲破封锁，成为市场占有率直线上升的一个智能手机新品牌。

小米的变革之所以能取得这样的成效，实际上是因为在小米的每一次变革的过程中都充分转变了自己的角色。首先，雷军从一个变革的决策者转变成一个变革的管理者和执行者。同时他还鼓励从每一个用户对小米手机的信息反馈中寻找变革的方向，巧妙地把小米的手机用户也变成了企业变革的参与者。

企业的总裁亲自参与变革的管理，对员工是一种正向的感染和激励作用，同时有利于变革的全程沟通与把握。而把用户变成变革的参与者，则使企业对消费者的心理和需求有一个正确的掌握，通过变革生产出让消费者满意的产品。这样，无论企业怎样变，都是向着正确的方向，向着客户希望的方向进化，而不是依赖个人的想法导致变革跑偏。

感染力被评价为当今企业总裁应该具有的一种领导力特质，但是并不是每一个人都具有这种特质，变革的时候难免会出现词不达意的现象。所以对于一个领导变革的核心人物，不应该只关注变革的进程，应该深入地指导变革，感染身边的员工，保证变革的顺利进行。

杰出的企业变革者往往会构建一个更加贴近消费者的变革方向，往往能深入地理解员工在变革中表现的情绪波动，并能很好地掌控员工的心理，指导不同时期的变革。

我们必须承认，总裁是企业信息的综合管理者，他储存了大量的关于市场关于消费者需求的信息。因此在变革中需要他们协作和部署来理解和响应客户需求的变化，需要他们的指导和监督来保证内部员工关系的建立。这些定性的因素都是保证变革成功的关键。

角色的转变，并不是一个难于实现的问题，在企业的变革时期，首先，你可以在参与中高级管理层对于变革的讨论，倾听他们有关变革的想法和步骤，然后对其进行指导和修正。其次，在变革中应该深入基层，亲身感受、体会变革中员工的压力，找出变革计划中的不足，然后有针对性

地设定解决方案。

如此，就能对变革进行权衡的监控和指导，不断地发现变革中的缺陷，不断地更新变革的创新思路，保证变革科学、全面、高效、与时俱进地进行。

智慧点拨

企业是一个大家庭，变革是一项全面、彻底的运动，要想实现战斗的胜利，应该脱下光鲜亮丽的外衣，走出高档的办公室，放下总裁万人之上的荣誉，做一个身临其境的变革指挥者和协调者，使自己成为企业变革的推动者。

第十二章　赢在变革还要看总裁智慧

有的人能够成为一个有能力的企业总裁，即使挫折不断，也能够越挫越勇。而有的人，却经受不起挫折，一败涂地之后就宣布退出历史的舞台。

在目前的企业之中，企业之间的竞争已经不是单纯的商品或是营销方式的竞争，而是企业变革之间的竞争，有的企业通过变革走上企业发展的巅峰，在同行业中脱颖而出，而有的企业却在变革的过程中，节节败退，最终走下历史的舞台。

柳传志和雷军有着过人的变革智慧，在联想和小米的变革过程中展现得淋漓尽致，使得企业取得了突破性的进展。

一个企业变革的操纵者，是企业的总裁，所以一个企业想要在变革中取得胜利，赢在变革，关键还要看总裁的智慧。

帝王智慧

春秋时期的先哲老子说过：“以正道治国，以奇正用兵，以无为取天下，这是成大事者必须明白的最高法则。”战国时期的大儒荀子也曾经说过：“做帝王的，善于管理别人才算是真的有才能。”所以，每一个英明的君主都是帝王智慧的真实写照。

那么，这些钻研笔墨的大哲学家是如何看懂帝王智慧这一秘诀的呢?其实，在古代的历史长河中，几乎各朝各代都拥有智慧过人的贤明君主，

通过研究这些君主们对国家管理的方法，善于捕捉，善于发现的先哲们，从他们身上提炼出一种共同的特质——帝王智慧。

关于帝王智慧，我们只要打开历史，看一看尧、舜是怎样做天下之主的，你就明白。

在尧为帝王的时候，毫不吝惜地启用人才，量才适用。在位时，封舜为司徒，契为司马，禹为司空，后稷管理农业，这些治理江山的事情，尧一件事情也不做，但他重用贤才的智慧，依然能让国家繁荣，百姓安居乐业。

舜最初只不过是一介田野莽夫，但是尧听大臣们举荐了他以后，亲自前去拜访。于是，尧微服私访，来到历山一带，听说舜在田间耕作，尧就亲自来到田间，看到舜正在田间利用黄牛耕地。尧自习观察了一番，发现舜在耕地的时候只打簸箕，而不打耕牛，就上前询问说："我看到其他的人在耕地的时候都是打黄牛，为什么你却只打簸箕?"舜回答："黄牛每天辛苦耕作，无私地奉献着，如果我再打它们的话，那它们就太可怜了。我打簸箕，黄牛都以为我是在打别的牛，所以也会努力耕作。"尧听过舜的话，觉得舜是一个有爱心，善于管理团队的贤能，所以，把舜带到自己的身边，委以重用。

尧在位时代，天下大水汤汤，尧派人治水，九年都无功而返，于是，尧派舜接管治水的职务，不久之后，大水得到治理。

不仅如此，尧还大力发扬他的君主魄力，设置谏言之鼓，让天下的百姓畅所欲言地抨击自己的过错，发扬了一代帝王应有的魄力。

在尧治理天下五十年间，用贤才们的智慧，帮助自己实现了国家一片繁荣昌盛的局面。用自己敢于向百姓开放进谏忠言的渠道，帮助自己不断地提升自己，不断地完善治理国家的方案。成功的帝王不用事必躬亲，关键是任命最合适的人在最合适的位置上，并且敢于正视自己的不足，改正自己的缺点。

在历史的记载中，除了尧以外，在唐太宗李世民的身上，也处处可见帝王智慧的光芒。

在历代封建帝王中，唐太宗可谓是中国历史上屈指可数的明君之一，在位期间在政治上和军事上均取得了巨大的成就。

首先，在人事变革方面，唐太宗任人唯贤，重视人才。在中国封建社会，家族思想盛行，许多君主都是秉着任人唯亲的思想，但是，唐太宗对人才的管理可谓是虚怀若谷，他在征战的时候，把李密、王世充、窦建德等人培养出来的人才收入自己的麾下，并把瓦岗寨的秦叔宝和程咬金都拉拢到自己的阵营中来，壮大了自己的军队的同时，为国家争取到了一批骁勇善战的军事人才。

这些人才，原本都是敌军的将领或是功臣，他们曾经与李世民在战场上决一死战。但这些对李世民来说都不是那么重要，他们在李世民的眼中都是不可多得的人才，他们将为唐朝的发展带来巨大的力量，于是唐太宗不计前嫌的重用他们，用自己的真心打动他们，最终，他们为李世民带来了唐朝的稳定。

在运营变革方面，唐太宗虚心纳谏，厉行俭约，轻徭薄赋，使百姓修养生息，民族之间和谐共处，国泰民安。同时李世民在军事方面对外开疆扩土，攻灭东突厥与薛延陀，重创高句丽，设立安西四镇，被各族人民尊称为“天可汗”，为后来唐朝全盛时期的开元盛世奠定了重要基础。

李世民的成功，是用人智慧的成功。李世民用人，只看才能，不看出身，不看立场，有了众多贤才的辅助，才成为了一代明君。李世民在位期间，开创了流传后世的贞观之治，这是李世民在管理上的智慧体现，他表

明了身为一代明君应有的变革中的手段和才能。

在中国历史上，帝王智慧的例子数不胜数，但在两千多年前的楚汉战争中，刘邦的帝王智慧更是展现得淋漓尽致。

在楚汉战争中，制定大政方针和战略思想的是张良；负责经济规划，在战时，解决军需物质的是萧何；负责南征北战，带兵打仗的最高指挥者是韩信；甚至是草莽出身的樊哙也能在刘邦的身边担任要职。

在刘邦的身边，每一个人都能发挥自己的优势，因此成就了刘邦的“才能”。这是一代领导者应有的素质，但是，西楚霸王项羽，虽然比刘邦有钱，比刘邦有实力，但是在谋略上他信不过自己的手下范增，所以在鸿门宴上优柔寡断，放了刘邦，酿成大错；在军事上，他也信不过自己手下的众多大将，总是身先士卒，让将士们感觉自己不受重视。

在韩信、萧何、张良等人的辅佐下，刘邦所率领的汉军逐渐壮大。当项羽遵守诺言退兵，并放回被当作人质的刘邦的父母妻子之后，刘邦背后偷袭，并用四面楚歌之计来瓦解项羽的军心，最后项羽被迫自刎于乌江，刘邦获得了楚汉之争的胜利。

在这场战争中，项羽因为不爱惜人才，优柔寡断，不仅放虎归山，还损失了众多的贤能；而刘邦求贤若渴，所以最终在众多贤才的协助下，打败项羽，最终一统天下。刘邦成功的另一个关键就是目标明确，当机立断，一切行动的根源都是为了建立统一的王朝，没有因个人的喜好或观念影响判断导致耽误大事。

帝王智慧，是由强大的权威和卓越的成就铸造的，其对于后世的企业家来说是一种宝贵的财富。

俗话说：“得智者得天下”，我们不需要做变革时代最高明的导师，但是，作为一个总裁，你不能不具有帝王智慧，不能不具备一颗帝王之心。

当你拥有这种智慧的时候，你才能带领自己的企业走向成熟的变革之路，淋漓尽致地向时代展示你的实力。

所以，对于一个企业来说，总裁就是企业的最高领导者，总裁屁股下的那把交椅就是象征着帝王的龙椅。但是，并不是每一个人都有能力成为一个国家的帝王，担任一个企业的总裁。

美国管理专家霍根说："无论在哪里，无论在什么时候，无论是什么样的行业，60%~75%的员工会认为，最大的压力和最糟糕的感受是来自于他们的直接上司。"霍根还强调，"在世界各国都分布着不称职的管理者，他们也已经占到了60%~75%"。

我们都知道，领导的效能关系到企业的成败，帝王智慧是一个企业总裁应该修炼的基本功，也是企业繁荣的关键所在。

经过对历代明君的研究和分析，可以看出，关于帝王智慧的修炼，应该坚持以下几个方面。

1. 在用人上要唯才是用

对于一个企业来说，企业的发展离不开专业人才的管理，作为一个企业的总裁，你应该积极地为企业储备人才，做好人力资源的管理，并重视人才，适当对他们进行授权，这样他们才能发挥自己的才能，为企业的发展尽自己的一份力量。

相反，如果在企业中得不到重用，他就会觉得在这个企业中失去了自己的价值，那么他理所当然地会选择离开。现在企业之间的竞争，实际上就是人才之间的竞争，只有充足的人才储备，才能让企业拥有变革和发展的实力。

2. 在管理上要赏罚分明

一个企业的制度就像一个国家的法律一样，他不仅能约束员工的行

为，还能对员工形成一种很好的激励作用，企业的赏罚制度就是如此。

只有赏罚分明的企业团队，才能让员工形成一种严格的规章制度，才能最大限度发挥员工对工作的积极性，这是企业的管理中必须具备的一种智慧。

3. 在修为上要修身养性

每一个企业的总裁，对于企业的员工来说，是思想的领袖者，行为的指挥者。所以，一个领导者的修为决定着一个企业的未来。

一个企业的总裁，要培养自己不断创新的思维，这样才能在思想上感染员工，在行动上指挥员工，使企业不断地发展，不断地进步。

4. 要培养领导者的魄力

一个总裁的魄力直接关系到一个企业的未来。海尔企业的张瑞敏带领企业员工怒砸不合格冰箱和对海尔一系列的变革措施，使得海尔能够力压群芳，走上国际的道路；而柯达的总裁乔治·伊斯曼却因为优柔寡断，瞻前顾后，所以才会错过变革最好的时机，导致企业走向破产的道路。

所以，对于一个变革时代求生存的企业而言，只有具备以上几个方面，才能迅速根据市场的发展，对企业做出正确的反应，在变革中发挥企业的优势，发挥总裁独有的帝王智慧，带领企业在时代中脱颖而出。

智慧点拨

总裁是一个企业的一家之主，是员工头顶上的一片天，要想在变革中取得胜利，总裁应该具有超乎常人的帝王家智慧，带领那些平凡的企业员工开辟一条灿烂的变革之路。

儒家智慧

在漫长的历史发展中，儒家思想对中国的人民和精神的形成都产生了巨大而且深远的影响。儒家文化业是构成当今社会主义文化最重要的一部分，许多具有中国代表性的理解和传统美德都是儒家思想的教化下形成的一种类似于经典的思想。

儒家思想主要从征服人心的方式入手，不是利用权威或是明文规定来约束人们，而是让人们主动地提高自己的思想觉悟，自觉地遵守一些大家都遵守的规章制度。儒家思想不主张从行为上使人们被迫执行规定的一些条条框框，比如一些企业制定的迟到和早退的惩罚制度。他主张的是从思想上教化员工，然后使他们自觉地遵守企业的规定。

在古代，就有关于用儒家智慧治国的典范，春秋时期的齐桓公，在治理国家的时候，将儒家智慧与治国的方案完美融合，成就了自己的帝王伟业。

齐桓公在位期间，重视对忠信人才的培养，并用他们的才智帮助自己治理国家。齐桓公时期，在军事方面的变革，也是在以管仲为代表的一些贤臣的建议下而开展的。

首先，齐桓公与管仲充分运用姜太公在政治地位上的优势，将本国军队的组建权和指挥权牢牢控制在自己的手中。

其次，在武装力量体制方面实行了“民军制”与常备军制的结合，这也是儒家思想“仁治”的表现。“民军制”的好处是，平时没有战事的时候，士兵可以回家和自己的家人团聚，可以免遭分离之苦，同时还可以保证家里有充足的人力务农。

最后，齐桓公在与管仲进行军事改革的时候强调军事训练，提高军队

的战斗力。当时，齐国军队的训练同其他诸侯国相比，虽然在方式上并没有什么创新之处，但是在训练的经常化和正常化却处于领先的地位。

在管仲等人的辅佐下，通过在军事上以及其他领域上的不断变革，实现了齐国“一匡天下”的霸主目标。齐国能取得这样的地位，与齐桓公的善用贤才和仁义治国的智慧是分不开的。管仲直到最后一刻，都设身处地为齐桓公着想，“士为知己者死，女为悦己者容”，管仲死心塌地的辅佐，是源于齐桓公对自己的栽培，对自己的仁义，在思想上被感化了。

在历史上利用儒家智慧治国的帝王不胜枚举，除了春秋五霸中的齐桓公之外，康熙大帝在对国家的治理方面也是儒家智慧的代表。

康熙自幼就对儒家的学说充满了浓厚的兴趣。康熙十六年十二月，他明确地宣布，以儒家思想作为治国之本。康熙的这一态度为清朝内部持续了数十年的文化之争画上了一个圆满的句号。

在政治上，康熙进一步确立了自己的皇权，表示“天下大权当统于一”。在进行加强皇权统治的同时，康熙进一步完善了困扰国家已久的官僚政治制度。

在经济上，首先，采取了一系列轻徭薄赋、休养生息的政策，减轻了百姓的负担，得到了百姓的拥护。不仅如此，康熙还废止了“圈田令”，将土地分与百姓耕种。然后，还延长农民的免赋征税时间，将垦荒的三年免税政策，改为六年。康熙十二年的时候，又把垦荒的六年免税政策改为十年。康熙在经济上的最后一项采取儒家思想的变革就是更名地政策，对于农民耕种的原先属于明朝宗室的土地，不必支付任何的耕地酬劳和税费。

康熙对政治和经济上的改革，正是受儒家思想的影响，以“集权统治、仁政爱民”为指导，进行大刀阔斧的制度变革，将国家带上了快速稳定的发展轨迹。康熙在位的六十一年里，利用儒家智慧，使清朝成为当时世界上幅员最为辽阔，经济最富庶的大帝国。

儒家思想成为治理国家的主流思想，绝非没有原因。在欧洲“启蒙运动”中的著名人物莱布尼茨和伏尔泰等知名人士都对孔子创始的儒家思想怀着很高的崇拜之情。曾经有个诺贝尔奖获得者也曾说过“现在的企业要想在市场上生存，就要学习中国孔子的儒家智慧”。

毕竟，儒家的思想能帮助一个企业的总裁从思想上感化企业的员工，使他们真心地投入到企业的变革之中。所以，思想上的感化，更容易使人心悦诚服，能让员工自觉地把企业主张的变革思想和变革步骤主动地植入自己的灵魂，心甘情愿地参与到变革中来，心甘情愿地为变革做贡献。

“修身、齐家、治国、平天下”是儒家思想的核心。儒家思想教育企业的总裁，要想让企业员工响应自己的变革思想，首先应该先从自身入手，自己要具有变革的意识，具有创新的精神，然后再把这种精神传播给企业的员工，最后使企业上下达成一致的目的。

总裁应该具有这种儒家的智慧，不要过分强调自己的地位，以为自己的主张就是圣旨，违令者斩。这样霸道的方式不仅在自己与员工之间筑起了一层厚厚的石墙，甚至阻断了员工发表意见的动力。因此，员工和总裁之间的信息无法正常流通，造成企业的大脑供血不足，导致企业变革陷入瘫痪。

总体而言，儒家思想信奉的是“仁”，主张以仁治天下。企业也应该坚持这种思想，现在的员工已经摆脱了奴隶社会和封建社会的“奴隶”的身份，被各种权利设定成了“社会人”。他们享有各种自由和法律保护，面对这种广泛的选择权，企业要想留住员工帮自己一起独辟蹊径，走上变革的艰辛之路。就应该以“仁”对待自己的员工，让他们心甘情愿地为企业抛头颅洒热血。

要修炼这种儒家智慧，更好地管理企业的变革，应该坚持以下几个方面。

1. 培养自己的员工，为企业寻找接班人

对企业员工来说，要热爱企业，这是每一个员工应该做到的，但是对企业而言，要热爱自己的员工，这也是一个企业的立足之本。企业要想保证变革的参与性，首先应该让员工对企业有一种归属感，让他们感同身受地体会到不得不变革的紧迫感。

当然，这种强烈的归属感是建立在企业对员工的无微不至的关怀和尊重的基础上的，所以，总裁应该主张其他的管理层体恤下属，真心实意地为他们着想，让他们感觉到企业带来的温暖。鼓励、激励员工积极与同事处理好关系，建立和谐的内部氛围。

2. 讲究诚信

诚信是一个领导人在企业立足的根本，也是维护自己权威最有力武器。一言九鼎是古代对信用的约束，以此告诫对方已经和自己有言在先，就应该遵守诺言。如果一个企业的总裁出尔反尔，就会让自己的权威受到质疑，员工也会因此对总裁的言行表示怀疑，导致执行力的下降。

3. 为员工着想，学会换位思考

一个决策者如果不懂得换位思考，就无法做出正确的决策，就不能保证这个决策的执行力度。许多时候说都比做容易，如果不为员工着想，不懂得换位思考，往往会使工作的任务超过员工的承受范围，导致员工的情绪化。

4. 勇于承担社会责任

总裁是一个企业的灵魂人物，当问题出现的时候，不要急于撇清自己的立场，把棘手的事情或是风险转移给员工处理，更有甚者是急于为企业寻找替罪羔羊。这样做只会让员工觉得你懦弱，只会让员工怀疑你的能力。因此，你应该拿出一个企业总裁应该有的担当，勇于承担社会责任，在员工心中树立一个高大的新形象。

智慧点拨

自古以来，以仁治国的理念就已经深入人心。仁者，人人爱之，不仁者，人人远之。因此，在治理企业中，要培养自己的儒家智慧，以“仁”管理企业，使变革更加深入人心，得到更多员工的支持。

兵家智慧

中国古代的兵家管理思想是中国古代文化的重要组成部分之一，它与墨家、儒家、法家等并称为古代十大家思想，是我国的军事家对战争的指挥、计划提供参考的一种重要文献和依据。延续至今，已经演变成企业家治理企业，面对市场竞争的参考。

兵家思想的重点是有关战略的论述，每一场军事的较量都离不开战略的事先运转，“知己知彼”“居安思危”“有备无患”等一系列军事中衍生出来的词语，都是来源于兵家的思想。

据史书《资治通鉴》记载，公元前353年，魏惠王派大将庞涓率兵伐赵，企图歼灭赵国的都城，在这种进击的关头，赵国向齐国发起紧急救援

的信号。第二年，齐国派田忌率兵救赵，鬼谷子的大弟子孙膑担任军师一职。

田忌本想直接向赵国出兵，但是孙膑却建议他先去攻打魏国的都城。孙膑说："夫解杂乱纠纷者不控拳，救斗者，不搏击。批亢捣虚，形格势禁，则自为解耳。"意思是，不要在别人起纷争的时候，用拳头参与搏击。排解争斗最好的办法就是攻其不备，这样就会使得双方的战争自然而然的停止。

田忌接受了孙膑的建议。同年10月，庞涓攻陷赵国的都城邯郸后，听说魏国的都城被齐军威胁，急忙班师回朝。这个时候，田忌和孙膑先派高唐等人迎战，并假意败给魏军，以示自己军队的弱小，然后在中途设伏，大败魏军。

12年之后，庞涓领命率军向韩国发动进攻，韩军寡不敌众，请救于齐国。齐威王派田忌等人率兵救韩，孙膑仍然担任军师，孙膑仍采用声东击西的战略再次向魏国的都城佯装进攻，庞涓再次上当，并且比之前一次输得更惨。孙膑巧用地理地形的优势，在道路狭窄、地形险峻的地区设下埋伏，导致庞涓自刎而亡。

齐国能在两次战役中，轻而易举地打败庞涓率领的魏国大军，主要还在于孙膑对兵家智慧的掌握和运用。明朝的冯梦龙把孙膑的声东击西的战略写进了《智慧》一书中，其实，孙膑不仅在声东击西的战略上技高一筹，在具体的战术部署和地形选择上都别出心裁，显示了兵家过人的智慧。

事实上，这种兵家的思想并不是只用于传统的军事中，在这个和平的年代，在市场竞争中这一场没有硝烟的战争迅速盛行的时期，各大企业之间都在进行着一种竞争，都在你追我赶地争夺市场这块地盘。于是，兵家的智慧又被运用到企业之间的竞争中，成为企业总裁制定战略的宝贵财富。

每一个总裁都是这场战争的发起者，所以他们理所当然地承担起为战争出谋划策，制定战略决策的责任，因此就要求企业的总裁拥有兵家智慧，懂得运用《孙子兵法》中的战术，并举一反三地运用到企业的变革战略中。

我们不得不承认，《孙子兵法》确实是战略的指导思想和主要的参考资料，无论是哪个企业的变革，都离不开这项历史悠久的名著的指导。

在现代的企业发展中，我们从各大企业总裁的身上，仍然能够发现兵家智慧的身影。被誉为代工巨头的富士康，总裁郭台铭的变革就是兵家智慧的一种表现。

2010年，是富士康最为悲惨的一年，在这一年之中，由于员工频繁跳楼事件的发生，使得富士康这一国际大型企业的劳工制度遭受到了外界的质疑。

受“跳楼门”事件的影响，富士康出现了有史以来员工流动最频繁的现象，这无疑使富士康雪上加霜。

为了缓解这件不良的事件带给企业的影响，富士康的总裁开始利用企业向电商变革的战略来引起社会的关注，使社会的关注焦点聚集在富士康的变革上，从而忽略“跳楼门”事件对社会造成的不良影响。

这样的转移关注点的办法，有助于富士康在遭受“跳楼门”事件影响后的恢复，稳定了内部员工焦躁不安的情绪，减少了外界对跳楼事件的猜疑。

其实，早在几年前，在世界上企业都在享受着市场为自己带来的荣誉时，在其他的同行都在津津乐道研究市场的发展方向的时候，富士康在碳纳米管可控生长和应用研究领域已经取得了突飞猛进的发展势头，持续取得了开创性的成果。

富士康能有今天这样的成就，能在出现恶性事件后依然保持企业的社会地位不动摇，离不开郭台铭的“用兵谋略”。在“跳楼门”事件发生后，他“声东击西”，通过电商变革转移注意力，将事件造成的危害降到最低，同时还提高了企业竞争力；在对企业的变革方面，他“先发制人”，率先采取行动，通过创新在市场中起到了带头作用。

所以，每一个成功企业的总裁都应该是一个兵家智慧的代表，他们身上的兵家智慧，一般体现在以下几个方面。

1. 知彼知己

在制定变革战略的时候，首先应该清楚企业变革的原因，了解自身的缺陷，清楚企业哪方面存在不足。然后了解市场，掌握人们的生活需求，消费者的需求就是未来市场的走向，只有清楚这些，才能有方向的采取变革，保证变革的成功。

2. 居安思危

我们经常提及，《华为的冬天》就是任正非兵家智慧的表现，它能够让员工形成一种危机感，让员工在这种危机感的作用下，积极主动地变革，并且谨慎面对变革中的每一步。

危机感会让你的意识紧绷，不自觉地规范自己的行为，调整自己的状态，既减少了危机发生的概率，也会在危机来临的时候能够从容面对，不至于出现鱼死网破的情况。

3. 攻其不备，出其不意

我们常常会这样问自己，为什么别的企业能够迅速占领市场，在市场中取得先机，而我们就跟着别人的脚步，亦步亦趋地从别人的残羹冷炙中寻找被遗漏的油水？不主动变革，就会被动地受到市场打压。

这是一个残酷的现实，只有身先士卒地变革，才能在市场上展开先河，占据别人望而却步的空间。

总而言之，总裁虽说是企业的领导人，但一个合格的总裁必定也能在战场上占据优势。兵家智慧是每一位企业的总裁必需的修行，熟读《孙子兵法》的人，定能在市场竞争中大展拳脚，看到别人看不到的变革先机和优势。

智慧点拨

兵家智慧是一个总裁智慧的体现，也是一个总裁在市场竞争中，稳定企业局势，扭转企业地位所必需的一种战略智慧。

法家智慧

法家是一个与时俱进的思想学派，它主张历史进化论，认为历史是需要不断向前发展的，坚持后来居上的观点，认为后来的总比先前的事物有更好的发展。因此它提倡在治理国家的时候，要因时变法，不要墨守成规，或是安于现状。

韩非子认为，竞争的根本出发点就是增强实力，竞争就是关于实力的比拼，要想在竞争中提升自己的排名，首先应该通过变革增强自己的实力。

针对韩非子的这一观点，我们并不否认，之所以变革，无非是想让企业更强大，在市场竞争中享有更大的优势。

法家智慧以“法”为管理的核心，注重“法”“势”“术”的结合。“法”是管理的权威，是企业领导权威的代表，也是企业员工行为约束的条件；“势”强调的是一种管理的权威，即总裁于企业的其他高层要善于

利用自己的权威，通过强力执行达成自己的期望，让员工为你的威信倾倒，不自觉地遵守你所颁布的行为准则，按照要求做事；“术”即为一种管理技巧，我们所做的每一件事都有响应的技巧，而只有抓住这些技巧，才能让问题的实现更具有说服力。

法家觉得做事情的时候必须依据严格的法律和规定，这样才能避免错误的出现，即使是脑袋不灵光的人，只要根据制度办，就一定能实现自己的目标，出色地完成自己的任务。

这种以“法”为尊的思想，早在商鞅时期，就已经得到了广泛的流传。

据史书介绍，商鞅在年轻的时候就喜欢钻研刑名之学，起初在魏相公叔痤的门下人中庶子。在魏相公临终之前把他推荐给魏惠王，但是没有得到魏惠王的重用。

后来，商鞅来到了秦国，向秦孝公进谏了自己关于变法的思想，得到秦孝公的赞赏，秦孝公封他为左庶长，并下令变法。

公元356年，商鞅在秦孝公的支持下开始变法。首先，在法律上建立相互告发且同罪连坐的制度。商鞅这一制度的实行，使得秦国出现了“路不拾遗，夜不闭户”的社会现象。

其次，重农抑商，奖励耕织，鼓励垦荒。在当时的社会背景下，重农抑商政策是为了满足战国时期战争的需要。农业是人们的衣食之源，立国之本，采取奖励农业发展的制度有利于秦国农业的发展，为国家提供了充足的资源，促进了国家经济的发展。

再次，统一县制，设置县一级的官僚机构。这一政策的实行，使得各地区的领主对地区的政治特权移交到了中央。这一措施配合“废井田，开阡陌”的政策，依靠法律手段，强制保证了土地私有制，巩固了中央集权的封建统治地位，削弱了地方豪门的权力。

最后，统一量衡制。这样全国上下有一个统一的度量准则，为全国范围内的经济贸易、文化交流提供了便利，对于统一国家的商业和俸禄也有积极的作用。

商鞅推行的以“法”为主，以“法”为尊的变法，在思想和制度上创造了一个更好的环境，秦国的经济得到了快速的发展，军队的实力也在不断地加强，使秦国发展成为当时最为强大的国家，为秦王统一全国奠定了基础。

因为在商鞅的变法过程中，始终坚持以法律为基础，奉行有法可依，有法必依的思想，所以被称为法家智慧的代表。其实，在古代，除了商鞅外，王安石也是法家智慧的倡导者。

熙宁二年二月，王安石任参知政事，开始了一系列的变法措施。

第一，王安石首先进行机构改革。王安石设置“三司条例司”，以“三司条例司”作为三司的上级机构，统筹财政，作为当时最高的财政机关。

第二，改革税赋。在全国上下实行“方田均税”，这样既增加了国家的财政收入，又减轻了农民的负担。

第三，兴修水利。规定各地兴修水利的材料由当地的居民按照每户等高下分派，只要是靠农民的力量不能完成的，可以向政府贷款。

第四，军队的改革。在军队改革的过程中，颁布了“裁兵法”，以此作为整顿厢军和禁军的依据。同时颁布的还有“将兵法”，即用逐渐推广的方式把各路的驻军分为若干个单位，每个单位专门设置副将一人，负责操练军队，提高军队的素质。

第五，改革科举。颁布了“三舍法”，希望学校以平时的考核来取代科举制度，为朝廷选拔真正的人才。在进行科举改革的同时还颁布了“贡

举法”，专以进士一科取士，另设“明法科”考察律令和断案。

王安石的变法对于增加国家的财政收入、改善百姓的生活现状、明确官场的晋升制度都发挥了积极的作用。对人们的行为进行了约束，净化了社会风气，促进了国家的稳定与发展。但是，诸多变革措施的顺利实施，离不开相关法律的支持，没有法律的约束，变革就得不到有力的贯彻。

其实，在现在管理学中对法家智慧的表现并不陌生，企业总裁制定的规章制度，和赏罚分明的奖罚制度，就是一种日常的行为规范，要求企业中的每一个人都按照这种行为规范约束自己。这种思想着重体现的是一种权威，一种由企业的总裁和高层身上特有的魅力，并且这种魅力能对企业的员工不自觉地产生一种约束。

提起法家思想，我们不得不想起海尔，提起海尔，就不得不提张瑞敏。

1984 年，张瑞敏进入海尔的青岛冰箱厂当厂长，那时的张瑞敏对管理制度还不是很熟悉，但是上任之初，张瑞敏就觉得在公司的员工和领导之间没有一种信任感。所以此时的张瑞敏，不顾之前的制度和员工的态度，毅然决然的重新制定了一个十三条，例如“不准随地大小便，不准偷工减料等”，并把这十三条当作当时工厂的“法律”来执行。

张瑞敏说，那个时候，如果发现一个在车间大小便的，就会对其公布、处理。张瑞敏这样做的根本目的就是要在全体员工心目中建立对自己的信任感，让员工们看到，他们的这个厂长是“言必行，行必果”的。

其实，在张瑞敏接手青岛海尔冰箱厂那一年还发生了一件让张瑞敏的威信迅速确立起来的事情。

1984 年，一位用户要买一台冰箱，挑出了很多的毛病，最后勉强拉走一台还是有缺陷的。顾客走后，张瑞敏派人把仓库里的 400 多台冰箱全部翻箱，将发现有缺陷的76台冰箱摆在车间里，让所有的员工参观，让大家发表自己的意见，该怎样解决这个问题。

但是当时员工的建议多数都是便宜一些处理给客户。可是张瑞敏却对员工说："如果现在把这种有缺陷的冰箱便宜处理了，那么公司下次有可能会出现760台有缺陷的冰箱。"接着张瑞敏做了一个让全体员工都难以忘怀的事情，那就是砸毁这76台有缺陷的冰箱。

很多年过去了，张瑞敏初到青岛冰箱厂的那一年也已经成为了历史。但是，正是那一年"十三条"和"砸冰箱"的举动，让张瑞敏在工厂的员工之间树立了威信，明确了原则，也对张瑞敏日后对海尔的管理做了良好的铺垫。

在当时，许多企业成功的因素都是因为对企业明确了管理的规则，像与海尔几乎同期成长的联想、TCL等，都是因为企业的总裁在对企业的治理上充分融合了法家的智慧。后来这种法家的管理经验在华为的总裁任正非推出华为管理的《基本法》时达到了高峰。

华为1987年创立于我国的深圳，1995年成立知识产权部，推出综合业务接入网和光网略SDH设备。1999年成为中国移动CAMEL PhasⅡ全国智能网的主要供应商。从此华为开始进入国际市场，在班加罗尔，美国硅谷和达拉斯等地建立了研发中心。

华为作为全球通信业具有领导地位的供应商之一，并且系统性地引入世界级管理咨询公司，帮助公司建立与国际接轨的管理体系。

华为能有今天这样的成就，离不开任正非对华为的管理策略。在华为的《基本法》中，我们注意到，华为在对员工的价值分配问题和员工的薪资制度以及管理制度上都有着进一步的提升。

任正非在对企业员工的规章制度上，自己在员工之中的威信建立上，以及对员工的管理方法和对企业进行的一系列的变革措施上，实际上都体现了法家智慧中的“法”“势”“术”的根本思想。华为的《基本法》就是最有力的说明，从企业“法律”的层面上展现了对员工生存和发展的重视，将员工利益和要求在“法律”层面予以保障，以“法”治企业。

其实，每一个企业都存在这种法家思想，比如企业的总裁发布开会的命令后，企业上下都会停下手头的工作，准备会议资料，严阵以待地端坐在会议桌前等待着总裁的发号施令。这就是一种权威，是法家智慧的一种表现形式。

法家的智慧特色一般体现在以下几个方面。

1. 以“法”为核心的制度管理

法家的精髓就在于一个“法”字，强调的是企业总裁对员工的制度化管理。对于法家，制度就是管理，没有制度，管理就像是一纸空文，无章可循，最终也得不到有效的执行。

任何企业都会有大大小小的规章制度，这些都是一种约束，一种对员工行为和工作态度以及工作方向的一种约束和指导，并在企业上下达成一致的规定，在员工之间形成一种强大的影响力。

2. 以“势”为主的领导管理

总裁是一个企业重大决策的倡导者，也是员工行为的指挥者，所以，一言一行都要在企业上下产生一种强大的威慑力，使员工按照他的要求执行。否则，怎能管理好一个企业，怎能保证变革的落实。

“势”是每个企业的总裁都必须追求的一种管理手段，只有有势的人说的话，才能在企业上下转化成一种行动。我们常说的影响力，就是“势”的一种体现，为什么变革的决策要由总裁发布，就是因为坐在总裁这个位置上的人是一企之主，拥有着无法逾越的权威。

3. 以“术”作为变革的指导

变革对于一个企业来说是严肃的问题，它关系到一个企业的命运，所以要求企业面对变革要有一个好的战略。战略是一场战役能否取胜的关键，也是一个企业实力的判断依据，因此，要想通过变革颠覆企业目前的情况，变革的战略技巧是不容忽视的一个环节。

智慧点拨

法家智慧是一个企业的管理之本，每一个企业的总裁都是权力与地位的集中者，是企业发展的灵魂与支柱。因此，拥有这种智慧就能更好地管理企业的变革团队。

墨家智慧

现代的企业总裁在管理企业的时候大多数应用到的都是墨家的智慧，墨家思想的精华就是“兼爱，交相利益”，意思就是人人相互关爱，互惠互利。

因此，企业要懂得关爱自己的员工，尊重自己的员工，这样员工才能在把企业当作人生跳板的同时，为企业创造更多的利益。每个人，只有得到肯定，得到关爱的时候才能发挥自己的实力，才能心甘情愿地帮助企业，尽自己最大的努力，促进企业变革的成功进行。

反之，一个人在企业中得不到尊重，得不到关爱，就会让他们陷入一种焦虑，不仅不能全身心地投入工作，有时也可能因为身心的不愉快消极对待变革，导致变革的问题得不到反馈，阻碍变革的进行。

企业和员工之间是一个互惠共生的关系，企业从员工的劳动中获取更多的剩余价值，而员工通过企业为自己赢得生存的保证。说白了，他们之间的关系是一种现实的利益交换。当变革侵犯了员工的利益，他们理所当然地会奋起反击，所以这就要求企业的总裁在制定变革策略的时候，正确发挥墨家智慧，让变革深入人心，得到员工的积极拥护。

“助之视听者众，则其所谓见者远。”墨家认为企业的总裁在变革过程中，员工向其反馈的问题越多，企业的变革也就会有更加长远的发展。

沟通也是变革中最为重要的一个环节，沟通不流畅就会导致企业的脑供血不足，造成企业变革的瘫痪。因此，企业总裁应该在变革中加强信心的反馈与沟通，第一时间掌握变革的动态，了解变革的进程，及时地清理变革中遇到的阻碍，保证信息的通畅，为变革开辟一条绿色通道。

在我国众多企业的发展中，史玉柱从失败再次走向成功的根本原因，就是在他的思想中，被潜移默化的墨家思想所植入，所以在失败之后，依然对世界保持一份热情，不气不馁，加强对人才的重视与培养，积极地组建自己的团队，最终起死回生，东山再起。

1989 年，史玉柱研究生毕业后开始创业，在深圳研究开发 M6401 桌面中文电脑软件。1991 年，史玉柱创办的巨人高科技集团成立。“巨人”成立之初，频频受到中央领导的参观和造访。

1995 年，史玉柱凭借着“巨人”所创下的效益，被列为《福布斯》中国大陆富豪第 8 位。功成名就的史玉柱却在事业的巅峰时期打起了建造中国第一高楼的主意，导致他一夜之间负债 2.5 亿元。

但是，史玉柱并没有因此而气馁，反而在几个朋友的帮助下，转做保健品进行第二次创业。

少年得志的史玉柱再次名噪一时，但是由于脑黄金保健品的管理不善，导致市场萎缩。1998 年，史玉柱开始策划脑白金的市场推广，在脑白金开发过程的很长一段时间里，史玉柱天天跑药店，跑农村，跟他们的潜在消费者进行交流。他认为，老板冲在第一线了解市场的情况，不仅可以保证信息的准确性，同时还能为自己的员工起到很好的带头作用。

不仅如此，史玉柱在对待员工方面，采取的是思想感化的方式，关爱自己的员工，和员工共同奋斗。正是因为这样，才有了员工即使在大年三十，也仍然坚守在全国50多个商店和药店里面。在别的企业的员工都回家过年的时候，史玉柱和9000多名员工依然顶风冒雪、背井离乡地搞脑白金的促销活动。

在史玉柱的领导下，脑白金走向市场，并保持了不断上升的销售势头。史玉柱的“起死回生”离不开他身后默默支持他，和他并肩作战的企业员工，而员工不辞辛苦付出的背后，是史玉柱的“兼爱”和“助其视听者众”的墨家智慧的根本表现。

“大人之务，将在于众贤而已。”这也是墨家思想的精华之一，意思是领导者的责任在于使其手下有才能的人数增多。

变革本身就是一个不断产生新知识的过程，所以要求企业在变革时加强对人才的培养。人才是企业变革的重要因素，是保证变革成功的关键。缺乏人才，即使再好的变革策略，再先进的科学设备，也无用武之地。

苹果公司本是一个国际型的大企业，但在1997年之前，公司的惨状就已经暴露于世界面前。公司股价已经从1992年的每股60美元，到1996年年底，公司的股价每股只有17美元，市场份额也由之前的12%跌至4%，而且按照当时的情形看，这一不断下降的趋势有可能还要继续下去。

就在苹果公司全体员工都陷入这样一种“大势已去”的等死气氛中的时候，企业召开董事会决定向企业引进变革的人才，帮助企业渡过这一难关。所以，在1997年，美国出现了这样一件大事，苹果公司收购了乔布斯

创办的NeXT公司，并聘请5年前被迫离开苹果的乔布斯重新回到苹果，并担任苹果企业的总裁一职。

乔布斯重回苹果之后，就对苹果的产品、制度等方面进行了一系列的变革，并决定不计前嫌地与在各种版权和专利问题上争斗了10年的微软进行合作，同时乔布斯说："苹果生存在一个生态系统里，它需要其他伙伴的帮助。在这个行业里，破坏性的关系对谁都没有好处。"

就这样，在乔布斯的领导下，苹果的业绩直线上升，成就了企业发展史上的神话。如果在1997年的时候，苹果企业的董事们没有把乔布斯请回苹果，那么缺乏领军人物的苹果也许会就此沉沦。如果乔布斯没有不计前嫌地同微软合作，仍然和微软进行版权和专利问题上的争斗，那么苹果也许会在困顿中单打独斗，根本没有精力进行新产品的研发。

所以，任何企业在进行变革的时候，都需要一大批有变革意识和创新知识的人才，参与到变革中去，以他们的专业水平和对变革的见解，加快变革的实施，果断地解决变革中存在的问题，并有能力为变革提供更好的方案。这样的变革型人才，不仅能保证变革的顺利进行，而且能够让变革更出色。

当花旗陷入困境的时候，企业积极地引进贤才帮助自己的企业变革，这不是一种公然的示弱，表示企业的实力不足，而是通过这种引进贤才的方式，让外界人士看到花旗的求贤若渴。最终这些贤才带领花旗变革，打破了困境，让企业通过变革再次走向辉煌。

每一个企业的发展都离不开人才，每一位员工的潜力都是巨大的，因此，你要对企业的员工进行定期培养，丰富他们的专业知识和技能。"心中有货，行动不慌"，只有掌握了足够的知识和技能，拥有处理事情的能力，他们才能从容面对企业的变革。

墨家智慧是一个企业的总裁必须具备的管理智慧，拥有这种智慧，你就能做到“人心所向”，得到更多员工的拥护，同时为企业积聚更多的资源，在变革中充分发挥总裁的领导作用，保证变革的顺利进行。

智慧点拨

墨家智慧是总裁智慧中的一个重要组成部分。关爱企业的每一位员工，将员工的利益与企业的利益进行捆绑，为企业创造更多的财富。

助 力 企 业 成 长

中国财富出版社* **北京联大文化** 联合出品

作　者：蒋巍巍　石玉峰　　**定　价：**39.80 元

出版社：中国财富出版社

《总裁变革智慧》内容简介

时代的变化，科技的进步，让原来的市场改变了模样，传统企业生产的产品已经不能满足市场的需求，一些有远见的企业开始利用市场的蜕变，对企业进行变革，使得企业重新找到发展方向，跟随着时代的发展脚步，快速成长。变革已经成为当今企业生存发展的主题。本书作者通过对变革多年的研究和分析，提供了一些变革准备与路径，帮助企业清除变革中的障碍，保证变革顺利进行。

作　者：陈明亮　　**定　价：**39.80 元

出版社：中国财富出版社

《总裁营销智慧》内容简介

总裁营销能力强弱是企业能否赢利、走向成功的基本条件。“营销是赢利之基，决定着企业能否持续发展。”本书分为何以为“赢”、凭什么“赢”和用什么“赢”三个篇章，对总裁制胜营销做了详细分析，以帮助总裁分析企业营销现状、发现营销问题、选择适合企业的营销策略、避开市场营销中的陷阱，从而成为营销中的大赢家。作者以明确的思路、流畅的语言、严谨的逻辑将总裁在营销中需要注意的要点一一道来。

作　者：李锋　葛静　　**定　价：**35.00 元

出版社：中国财富出版社

《社群营销》内容简介

本书共分为七章，采用图文并茂的表现方式，从进入社区的方式方法，到营销活动的调查、策划和准备，再到活动的开展、互动，以及最后的活动效果的长期维持，全程为您展现社群营销的方方面面，进行细致入微的介绍。本书还专门展开一章着重介绍了网络社群营销，详细叙述了在网络时代社群营销的新平台、新方式，使您能结合线上及线下，同时铺开营销活动，取得更理想的营销效果。

*注：中国物资出版社已于 2012 年 4 月 1 日起正式使用新社名“中国财富出版社”。

作　者：孙军正　王乐平　　**定　价：**35.00 元

出版社：中国财富出版社

《文化与人才突破》内容简介

在信息时代的商业竞争中，一家成功的企业不仅需要优秀的产品和强大的品牌作为保障，还需要自身独特的文化烙印；在创新成为主旋律的今天，人才是创新的源泉，企业发展需要一大批优秀的人才。本书围绕文化突破与人才突破两个部分，着重阐述了缔造企业文化的方法，以及如何构建企业现代战略人力资源管理系统，为企业发展提供人才支持。

作　者：孙军正　刘明勇　　**定　价：**35.00 元

出版社：中国财富出版社

《战略与运营突破》内容简介

本书分为战略突破和运营突破两个部分，在战略突破这部分，着重阐述了战略对于现代企业的重要性，以及企业如何才能够获得战略性的成功；在运营突破这部分，着重介绍了5I运营管理机制模式。希望这本书能够帮助企业突破自身的局限性，进入到更广阔的发展空间里。也希望这本书能够帮助个人，突破自我，在企业中获得更多更好的发展机遇。

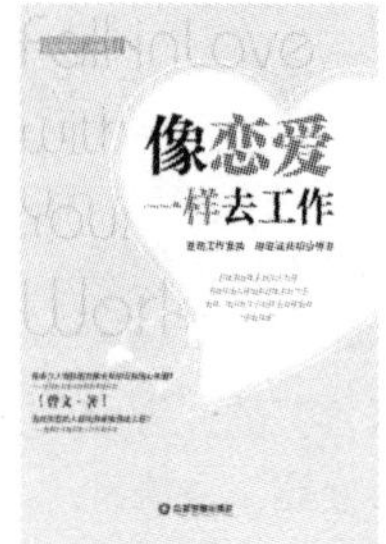

作　者：曾文　　**定　价：**35.00 元

出版社：中国财富出版社

《像恋爱一样去工作》内容简介

本书从“和工作谈恋爱”的思路出发，为了帮助职场达人更好地建立“和工作谈恋爱”的工作思维，作者给出了明确职场工作意义、全身心投入工作、树立高目标、坚持带来力量、让自己更优秀、不断进行创新等相关方法。全书内容深入浅出，行文严谨而不失幽默，用翔实的案例、准确的逻辑和清晰的语言，为职场人摆脱工作倦怠、打造良好工作氛围设计和规划出一条行得通的道路。

QIYE CHENGZHANGLI SHUJIA
企业成长力书架
助力企业成长

中国财富出版社
北京联大文化 联合出品

QIYE CHENGZHANGLI SHUJIA
企业成长力书架

助 力 企 业 成 长

中国财富出版社
北京联大文化 联合出品

作 者：吴群学 **定 价：**35.00元

出版社：中国财富出版社

《管理就这几招》（第二版）内容简介

本书第一版在持续两年的热销之后，作者吸取了很多专家的建议和企业一线的管理经验，隆重推出了第二版。全书在第一版角色管理、目标管理、团队管理和自我管理的主体框架不变的基础上，对部分管理经验和方法进行了补充和完善，使之更贴近企业实际，更顺应时代赋予管理的各项职能，简单实用。

作 者：吴东

定 价：32.00元

出版社：中国财富出版社

《九型人格与卓越销售力》内容简介

本书依据“九型人格”理论，将销售人员遇到的顾客分为九种不同的类型，通过探讨每种类型顾客各自的优势和弱势，分析他们在购买商品与谈判中的“心理弱点”。最终，教会销售人员如何牢牢抓住顾客的心理弱点、掌握他们的思维方式、学会与他们的对话技巧，以此提高销售技能，卖出更多的产品。

作 者：高乃龙

定 价：32.00元

出版社：中国财富出版社

《夹缝中的利润：小微企业的生存赢利之道》内容简介

和世界500强相比，中国企业是小微企业；和中国500强相比，中小企业是小微企业。我国的小微企业是解决就业问题的主要力量，但小微企业的发展却面临困难。本书是帮助小微企业突破自身困境的第一本实战书籍，书中结合企业案例现身说法，通过独到的分析、有效的定位和精准的策略，最终帮助小微企业实现可持续发展。

作 者：高子馨

定 价：32.00元

出版社：中国财富出版社

《形象决定身价：职场人全方位获得成功的6个魔法》内容简介

你一定羡慕过那些商界、政界精英们翩翩的风度；你一定渴望着在别人面前表现得潇洒自如。个人形象是个人竞争的软实力，纵然你有很高的学历，纵然你经验丰富，如果没有良好的个人形象，你也很难取得成功。本书从什么是个人形象出发，通过生动形象的事例论述，专业权威的建议提示，帮助你一步步提升个人形象和气质。相信你能够在书中找到你尚未成功的原因，也能够找到通向成功的捷径。

作　者：付述信　　定　价：32.00 元

出版社：中国财富出版社

《职业化团队五项管理》内容简介

本书从五个方面阐述了打造职业化团队的管理方法：目标管理、团队精神管理、执行力管理、责任管理、结果管理，以此对团队运营和团队成员的能力提出要求。全书的内容是以经典的案例开篇，使每一个读者可以从故事中领略到管理的奥妙，经过对案例的分析，给出最恰当的管理方法。用最浅显易懂的语言概括出了管理团队的精髓，旨在让每一个读者明白，打造职业化团队并不是深不可测的。

作　者：刘逸舟

定　价：35.00 元

出版社：中国财富出版社

《说服的力量》内容简介

是否具备说服的能力决定了你生活的顺利程度、决定了你事业上的发展、决定了你是否是个具备影响力的人，甚至决定了你能否掌控自己的人生。掌握了说服力的人，能够使他人遵从自己的意愿，能够使他人自愿地帮助自己，能够把陌生人变成好友，把冲突化解为无形，使家庭中的关系更加和谐。

本书全面揭晓说服中的奥秘，通过专业的分析与归纳，帮助你建立自己强大的说服力和影响力，使你避免在人群中人云亦云、随波逐流！

作　者：刘星

定　价：32.00 元

出版社：中国财富出版社

《职场 360 度沟通：职场人交流得力的完全沟通术》内容简介

人脉是成功的关键。那么，这人脉从哪里来呢？需要你去开发、去构建，方法就是发挥自己的心思，抓住遇到的每一个人，去好好地沟通、交往。良好的人际交往能力是形成雄厚人脉资源的不可缺少的要素。本书即讲述了各种最适合职场达人或菜鸟们学习、运用的沟通技巧，掌握这些沟通技巧，即会成为打遍职场无敌手的精英高手。从现在开始，努力修养自己的沟通能力，成为战无不胜、可以搞定任何人的职场达人吧。

作　者：蒋巍巍

定　价：32.00 元

出版社：中国财富出版社

《冲突管理：化冲突为转机的 9 个步骤》内容简介

现代商业社会竞争日益激烈，企业稳定的重要性不言而喻。不管什么样的企业，都应当及时处理冲突，不让冲突激化，才能有更多的精力提升核心竞争力，从商业大潮中脱颖而出，走上成功的巅峰。在这本书里，我们将为管理者带来全新的思路和手段，从冲突的源头，到冲突的结果，一一为管理者详细解读，彻底解决“冲突到底要怎么管”这一职场难题。

作　者：张友源　　定　价：29.80 元
出版社：中国财富出版社

《左脑情绪管理　右脑压力管理》内容简介

大脑是人体的中枢，人生所追求的工作幸福、生活幸福，其实都隐藏在人类的大脑中。本书的独到之处在于提出了人类大脑的功能分区问题，主张每一个人都应该科学地使用好自己的左右脑，以使自己生活得幸福，在工作中享受到幸福感。作者认为，人类的左脑控制着情绪，而右脑则控制着对压力的感受，当左右脑彼此结合起来使用或交替使用时，就可感受到幸福，由此而揭示了幸福的神秘密码。

作　者：杨长征
定　价：35.00 元
出版社：中国财富出版社

《领导三斧半：100% 实现目标的领导智慧》内容简介

什么样的领导才能带领团队走向成功？如何做才能称得上是“优秀领导”？本书从古代名将——程咬金的“三板斧”入手，通过形象的语言、生动的案例及清晰的分析，将领导者的工作智慧总结为“领导三斧半”：瞄、抡、砍、变。灵活运用“领导三斧半”，打造名副其实的“优秀领导者”！

作　者：郝枝林　刘飞
定　价：39.80 元
出版社：中国财富出版社

《渠道为王：找对渠道做销售》内容简介

渠道就是市场，占领渠道就是占领市场。本书从 IBM、DELL 等品牌的实际案例入手，揭示了渠道在市场营销过程中的重要意义。通过渠道理论与实践充分结合，指导实际的销售活动，是一本全面解读渠道战略的实战宝典。

作　者：陈星全
定　价：32.00 元
出版社：中国财富出版社

《谈判攻略：销售这样谈最有效》内容简介

本书是一本结合销售实践和谈判技巧的实用工具书，对销售谈判人员在谈判过程中的不同阶段、消费者的不同心理，以及谈判者应该怎么去面对客户等方面都作了详细的介绍，内容通俗易懂，栏目设置精彩纷呈，可以帮助销售人员从根本上理解销售的本质，提升自我销售境界，对销售谈判人员的工作具有指导作用。

QIYE CHENGZHANGLI SHUJIA

企业成长力书架

助 力 企 业 成 长

中国财富出版社
北京联大文化 联合出品

作　者： 潘永德　　**定　价：** 26.00 元

出版社： 中国财富出版社

《藏在口中的财富》内容简介

好的口才有着不可估量的价值，是每个人都需要的生存技能，从工作中的求职升迁，到生活中的恋爱婚姻，从人际交往中的说话办事，到事业中的营销谈判，事事离不开口才。

好的口才能使你受益一生，本书正是一本实用口才技巧训练手册，从改善说话声音、表情动作、表达策略等方面重新训练你的口才能力，同时针对生活中与你关系最密切的说话场合，教授你最实用的口才技巧，让你突破语言的障碍，轻松应对各种语言场合！

作　者： 龚光鹤

定　价： 35.00 元

出版社： 中国物资出版社

《领导应该这样当》内容简介

领导是一种经验，领导是一种智慧。本书凝结作者投资大脑近百万的学习精华，巧妙地结合了现代企业快速发展的案例，综合分析了团队建设、投资技巧、建立人脉等领导技能的最新进展，分享了成为优秀领导者的秘诀。通过理论与实践充分结合，将本书打造成提高领导力的终极法则。

作　者： 匡晔

定　价： 32.00 元

出版社： 中国物资出版社

《这样销售最高效》内容简介

销售工作可谓"成也在人，败也在人"，而这个"人"就是销售人员。销售人员是市场销售战略的"先知者"，不仅带领着企业拨开销售的层层迷雾，更为重要的是能够发现销售的真谛。本书把销售实战和理论联系起来，使销售人员能够在赢得客户的过程中充分理解销售理论，从而积累深厚的理论素养，指导实际的销售工作。

作　者： 朱广力

定　价： 32.00 元

出版社： 中国物资出版社

《金牌销售不可不知的 9 大沟通术》内容简介

你是否为自己满腔热情的介绍，客户却无动于衷而烦恼？你是否为自己坚持不懈的努力，产品却无人问津而神伤？你是否为自己勤勤恳恳地工作，业绩却无法攀升而无措？金牌销售的成功战术究竟为何？本书通过分析 9 大沟通战术，结合具体的案例，揭示了成为一名金牌销售的秘密所在。

QIYE CHENGZHANGLI SHUJIA

企业成长力书架

助力企业成长

中国财富出版社
北京联大文化 联合出品

作　者：吴群学　　**定　价：**32.00 元

出版社：中国物资出版社

《学规则　融团队》内容简介

当你进入一个团队，而自己又不能改变团队的规则，学习和适应规则就成为你进入团队的必修课。记住：学习规则，融入团队，你才能快速地进入职场人的角色。

团队内部的一切问题都来源于规则问题。认识规则、把握规则、利用规则，最终同规则融为一体，才能在职场生存并不断前进。本书将告诉你后 80、90 后职场人快速成长的法则！

职场就是：学规则、用规则、造规则！团队就是：先融入、再切入、后深入！

作　者：蒋巍巍

定　价：32.00 元

出版社：中国物资出版社

《左右逢源：职场人际关系的 9 堂课》内容简介

在职场上，你是否会担心孤立无援？是否会羡慕那些在人际关系上有特别天赋的人？是否希望为自己赢来良好的人际关系？职场成功又该如何界定？本书从职场里的一个个鲜活案例入手，生动地展示了职场中的沟通技巧，让你学会在职场中左右逢源，用人际打开晋升之门。

作　者：于飞

定　价：35.00 元

出版社：中国物资出版社

《向大客户要业绩》内容简介

抓住大客户，就抓住了大订单，抓住了高业绩，抓住了职场前景。所以，抓住大客户是每个销售人员的目标。然而要如何抓住大客户呢？这就是本书的价值所在。应对大客户的方方面面都需要更巧妙的技巧和方法，本书从 20/80 法则入手，帮助销售人员降低在销售工作中的成本投入，并提高能效产出，让销售人员掌握搞定大客户的技巧，在最短的时间拿下最大的订单。

作　者：马斐

定　价：32.00 元

出版社：中国物资出版社

《口碑载道：无本万利的营销方式》内容简介

对于所有企业的市场营销人员或是管理者来说，关注品牌形象和品牌发展，不如先好好了解一下如何做好口碑，这里面的门道究竟几何。本书从各大品牌口碑营销的经典案例着手，透析各家口碑营销之道，从中总结经验和技巧，提示企业市场营销人员及管理者，口碑营销是一门科学，必须认真学习和把握。

QIYE CHENGZHANGLI SHUJIA
企业成长力书架
助力企业成长

中国财富出版社
北京联大文化

联合出品

作　者：袁一峰　　定　价：32.00 元

出版社：中国物资出版社

《卓越从敬业开始》内容简介

爱一行才能干一行，专一行才能精一行。懂得敬业的人生是充实、美丽而快乐的，也唯有如此，才能真正脚踏实地、一步步走向卓越，成为一名卓有成效的员工。本书的出发点就在于让长期停滞不前的职场人士迅速找到桎梏自己职场步伐的原因；牢牢把握鞭策自己敬业而需掌握的心理；轻松学会被细化的、实践性极强的敬业“守则”，最终达到成就卓越的目的。

作　者：吴群学

定　价：32.00 元

出版社：中国物资出版社

《管理就这几招》内容简介

管理说难也难，说简单也简单。本书告诉你，只要掌握 4 招，就能将管理化繁为简，轻松搞定各种企业的各种管理难题。全书以“理论 + 实践”的板块构造为你呈现了企业管理者这一特殊角色所应该具备的各种能力、工作方法和技巧。因此，这是一本现代管理领域的实用之作。

作　者：王占坡

定　价：32.00 元

出版社：中国物资出版社

《万金一线牵》内容简介

与客户打着电话开怀畅谈，没有紧张的开场白，没有局促的自我介绍，气氛和谐又温馨，订单随着电话的结束而落下了成功的定音……这就是电话销售。可能吗？请你不要怀疑这样的场景，因为它真实地发生在我们身边。怎么办到呢？秘诀就在你手中的这本书中。

作　者：马斐

定　价：32.00 元

出版社：中国物资出版社

《赢在谈判》内容简介

我们现在所生活的时代是一个随时随地都可能需要谈判的时代，特别是销售人员更是需要用日复一日的谈判来为自己赢得订单、提高业绩、提高收入、表现能力，令上级刮目相看，得到晋升的机会。本书就是力求让每一位“力拼业绩”、想要在工作中扶摇直上的有志之士可以成为谈判高手，为自己、为公司争取更多的利益。因此，本书是你谈判桌上一本智囊宝典。

作　者： 马斐　　**定　价：** 32.00 元

出版社： 中国物资出版社

《拿下大客户》内容简介

企业的大多数利润是靠 20% 的大客户来赚取的。一个企业要发展，就需要有相当的利润作支持，而大客户是企业的利润源泉，生存和发展的助推器。如何获得大客户的签单？如何有效应对大客户的各种要求与质疑？请你不要着急，因为你手里的这本书已经为你考虑到了，并提出了相应的解决方案供你参考。

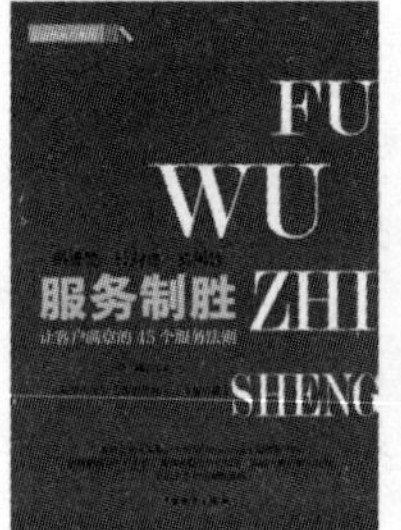

作　者： 覃曦

定　价： 32.00 元

出版社： 中国物资出版社

《服务制胜》内容简介

服务是一个长期工程，不能掉以轻心，也不能因循守旧，我们必须时时刻刻为客户着想，发自内心地为客户服务，真诚地为客户解决问题，注意细节，勇于创新，给客户提供最周到的服务。

本书分节介绍了各种服务法则，详细地帮助你解决服务过程的种种困扰，让你学会怎样达到客户的要求。

作　者： 向成学

定　价： 32.00 元

出版社： 中国物资出版社

《成交从异议开始》内容简介

本书专门针对客户常提出的各式各样的异议提供有效处理的策略与方法。书中列举了大量的销售案例，并大多以情景模式展开，目的便是更好地通过情景模拟来诠释异议处理的策略精髓。如果你还在为客户所提出的各式各样，甚至是千奇百怪的异议、意见、问题而感到头疼，或者说备受困扰，迫切地想要找到解决方法，那么，本书将为你结束困扰。

作　者： 曾展乐

定　价： 32.00 元

出版社： 中国物资出版社

《成交赢在心态》内容简介

心态是一个人一切言行的控制按钮，这个按钮决定着你生活中的一切。你的心有多高，你就能飞多高。只要拥有自己坚定的信念，不管在什么时候也不会被挫折打倒，你不再是一个弱者，而是一个能够改变自己生活的强者。

让你一步步改变自己的生活，让你成为销售中的强者，看本书怎样为你解答，相信你的选择，一定不会让你失望的。

助力企业成长

中国财富出版社
北京联大文化

联合出品

作　者：张野　　**定　价：**32.00 元

出版社：中国物资出版社

《成交无限》内容简介

销售员在与客户沟通的过程中，80% 的客户或多或少会感到一些反感，这些反感有时会以某种形式表现出来，有时也会隐藏在客户的心里，成为与客户沟通过程中的最大屏障。那么，是什么原因引起的这种情况呢？面对这种情况该怎么处理呢？相信这本书的 55 个技巧对于需要与客户沟通的人将会非常有用，它对于我们与客户将是一个全新的桥梁。

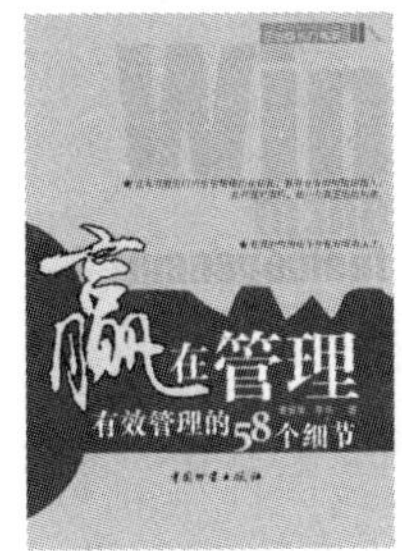

作　者：姜登波　李华

定　价：32.00 元

出版社：中国物资出版社

《赢在管理》内容简介

本书通过对企业管理深入地剖析、分解，找出企业管理误区，并针对企业管理容易疏漏的地方进行填补，是每个企业管理人员手中的指南针，能够帮助迷途创业的人员找到扎营的地点。书内所阐述的问题新锐、真实，解决方法快速、简便，是现代企业领导者所不能缺少的良师益友，能够教导企业领导者如何做“泥菩萨过河，有招可取”的智人。

作　者：文征

定　价：28.00 元

出版社：中国物资出版社

《做世界上最优秀的员工》内容简介

世界 500 强企业集聚了世界上最优秀的人才。你想成为世界 500 强企业中的一员吗？你想知道世界 500 强企业最欢迎什么样的员工吗？你想知道为什么有的员工能够进入世界 500 强企业，甚至会经常受到众多世界 500 强企业的高薪聘请吗？那么，请看本书为您提供的这 7 种工作习惯，它将为您搭建登上世界 500 强这一豪华巨轮的台阶。

作　者：邹金宏

定　价：32.00 元

出版社：中国物资出版社

《麦当劳成功的启示》内容简介

麦当劳是世界 500 强企业之一，有超过一百万的员工，已经在全球 121 个国家设有超过 31000 家快餐店。麦当劳是一个企业，也是一个王国，一个跨区域的王国。是什么原因让麦当劳如此庞大？如此成功？如此奇迹？它到底运用了什么方法？ 本书通过最真实的笔触，为你提供很多麦当劳成功的智慧和秘诀，使你从中获得有益的知识、借鉴和启发。

作　者：周锡冰　　定　价：18.00 元

出版社：中国物资出版社

《新员工要懂得的处世心理学》内容简介

新员工大多是在狂涛骇浪里的职场小人物，想要在如今环境糟糕、恶劣的职场上平步青云、如鱼得水，就必须懂得职场的潜规则。本书以大量案例生动地介绍了新员工必须研修的 25 堂职场课程。然而，本书的目的不是描写 25 个职场潜规则，而是为新员工开辟一个顺利的职场人生。

作　者：李华

定　价：35.00 元

出版社：中国物资出版社

《三分管理　七分领导》内容简介

企业的高度不是来源于管理，也不是来源于高效的执行力，而是来源于领导。卓越的领导，决定着企业无限的发展潜力。

21 世纪的领导力不仅仅是领导的方法和技能，也不仅仅适用于领导者，它是我们每个人都应该具备或实践的一种优雅而精妙的艺术。如果你想摆脱刻板的管理者形象，成为一个形象鲜活、拥有更多追随者的魅力领导，请你将本书作为你的智囊宝典。

作　者：李华

定　价：32.00 元

出版社：中国物资出版社

《三分策略　七分执行》内容简介

市场上琳琅满目的执行力图书常销不衰，再一次印证了执行力的课题引起了企业主和从业人员的高度关注，甚至可以说，一个企业是否高效，取决于企业团队执行力的强弱。

如果你是一个企业的中层管理者，而且想提高执行力这一决定职场成败最核心的技能，同时，在不断追求卓越，有加薪升职的愿景，那么，请你阅读本书的观点并实践相应的技能。

作　者：李华

定　价：29.80 元

出版社：中国物资出版社

《三分管人　七分选人》内容简介

从某种意义上来说，企业的竞争就是人才的竞争。作为企业“伯乐”的人力资源经理，如何为企业招聘到像“千里马”般优秀的员工，为企业不断发展适时提供有效的人力资源，已经成为衡量一个人力资源经理是否优秀的核心标准。

本书是专为人力资源经理量身打造的图书，通过学习本书介绍的经验和技巧，你会熟悉并掌握所有管人、选人的全部流程和方法。

QIYE CHENGZHANGLI SHUJIA

企业成长力书架

助 力 企 业 成 长

中国财富出版社 北京联大文化 联合出品

作　者： 王一恒　　**定　价：** 29.80 元

出版社： 中国物资出版社

《这样沟通最有效》内容简介

在与人沟通时，需多留心一下沟通技巧。对于管理者来说，掌握全方位沟通技巧就成了必修课。

本书通过轻松幽默的语言、丰富的故事，将沟通能力细化为 13 个方面，提供了一整套即学即用的管理沟通技巧。全书包括表达、倾听、反馈、批评、赞扬、说服、处理冲突、不同场合、不同对象、不同渠道等沟通技巧，教你如何选择恰当的沟通渠道和沟通方法，怎样依据沟通对象的性格类型选择沟通策略。

本书提供的全方位沟通技巧，既能让你与不同性格的下属进行有效沟通，又能确保你沟通的高效。

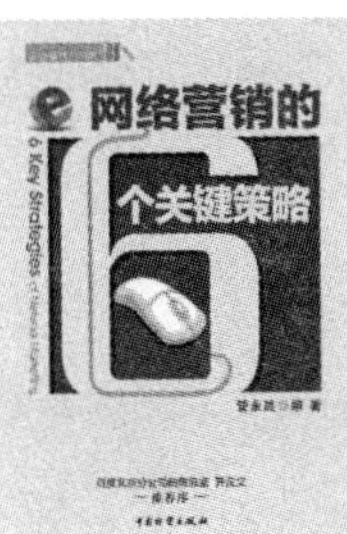

作　者： 管永胜

定　价： 42.00 元

出版社： 中国物资出版社

《网络营销的6个关键策略》内容简介

本书作者曾任紫博蓝大客户总监，慧聪网产品总监，网罗天下广告媒介总监，《宠物世界》杂志社运营总监。

众所周知，网络已经渗透到我们工作、生活的方方面面，所以无论你作为一个企业主或从事营销相关的工作者，如果不懂得网络营销，我可以很肯定地告诉你：你失去的将是一个时代！基于此，管永胜通过十多年从事网络营销的经验和潜心研究，提出了从“网络营销”到“网络赢销”的新模式——AISCAS模式！这一模式的提出将为你实现“网络赢销”提供新的启示。

作　者： 吴永生

定　价： 26.00 元

出版社： 中国物资出版社

《这样授权最有效》内容简介

只有授权，才能让权力随着责任者；只有权、责对应，才能保证责任者有效地实现目标。授权不仅能调动下属积极性，也是提高下属能力的途径。

管理者一定要明白：自己的双眼永远要比双手做的事多。

本书立足于中国人思维模式，汲取西方之精华，注重实操性，让管理者即学即用。

作　者： 李金玉

定　价： 36.00 元

出版社： 中国物资出版社

《激活你的团队》内容简介

员工激励是企业的永恒话题，更是企业长盛不衰的法宝。激励的技巧像一团云雾，很难掌握。同一个人，以同样的语速，对不同的人说同样的话，产生的影响可能是不同的。本书中，我们从 14 个方面对激励的技巧进行了全面的剖析，并且针对不同的人和企业设计了个性化的激励方案，希望能通过这些激励的技巧给企业的管理者一些启示。

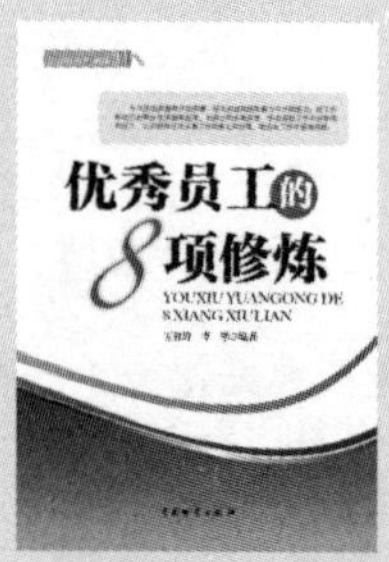

作　者：王桂玲　李华　　定　价：16.00 元
出版社：中国物资出版社

《优秀员工的 8 项修炼》内容简介

今天的成就是昨天的积累，明天的成功则依赖于今天的努力。把工作和自己的职业生涯联系起来，对自己的未来负责，学会容忍工作中的单调和压力，认识到自己所从事工作的意义和价值，就会从工作中获得成就。

作　者：梁慧
定　价：26.00 元
出版社：中国物资出版社

《品牌营销 8 大实战攻略》内容简介

无论在世界哪个角落，这些品牌都是那么的成功。他们用看似和您相同的营销方法，轻而易举地赢得了整个世界的欢迎。

这些品牌为什么能取得成功呢？这是因为他们采用了成功的品牌营销策略，品牌的成功与成功的品牌营销是分不开的。品牌营销，一个让人寄予希望的名词。可以说，成功的品牌营销策略，就是企业赢得竞争的一柄利剑。在市场竞争日益激烈的今天，如何"活学活用"这些成功企业的"不传之密"，如何在市场竞争或营销中将此剑挥洒至极佳境界，是每一个企业所迫切希望学到的。

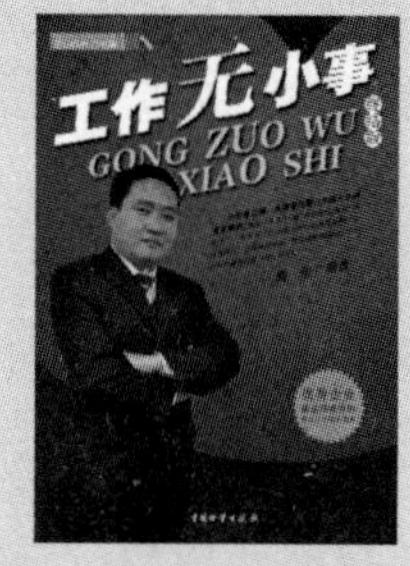

作　者：龚俊
定　价：20.00 元
出版社：中国物资出版社

《工作无小事》内容简介

小事是过程，大事是结果。大是由小演变而来的。如果一个人一屋都不能扫，谈何扫天下。在工作中，我们只能用 100% 的激情去做 1% 的事，才能成就大事，切记，1% 的失误带来的是 100% 的失败。

作　者：张伽豪
定　价：18.00 元
出版社：中国物资出版社

《你在为谁工作》内容简介

在工作中，不管做任何事，都应将心态回归到零：把自己放空，抱着学习的态度，将每一次任务都视为一个新的开始、一段新的体验、一扇通往成功的机会之门。千万不要视工作如鸡肋，食之无味、弃之可惜，结果做得心不甘情不愿，于公于私都没有裨益。

你还是在不快乐地工作着吗？

打开这本书，让它告诉你工作的意义是什么，帮你找到工作的动力，从而带领你感受工作的乐趣所在！